もういいかい
まあだだよ

小椋佳

双葉社

もういいかい　まあだだよ

もういいかい　まあだだよ

目次

第四章 生きる 159

第五章 人生の総仕上げ 217

はじめに

《今日という日は、人生の残された日々の、そもそも初日だ》

まだ若かりし頃、偶然流れてきたＦＥＮのラジオで耳にしたフレーズです。

今日は残された人生の、とにかくスタートだ――いつでもそんな新鮮な気持ちで、一日一日を過ごそう。

「ああ、この言葉いいなあ」と大いに触発されて、早《はや》50年近く。
今でも鮮明に覚えています。

２０１４年９月、古希《こき》70歳の僕は「生前葬コンサート」と題して東京・渋谷《しぶや》の

NHKホールを4日間貸し切り、100曲を歌う葬式をさせていただきました。香典代という名目で高いチケット代を払い、ご参列下さった1万数千人の方々には心から感謝しています。

これにて、小椋佳の人生は完結。

生前葬コンサートの後、それほど時間もたたずに死ぬつもりでした。

さあ、すべてケリをつけよう。もう、いいんだ。そう思って、断捨離《だんしゃり》というのでしょうか、とにかく身の回りのモノを捨てました。

折に触れて読み返してきた哲学の原著も、今まで書いたミュージカルの台本も、山のようにあった洋服も、下着も。2、3日は生き延びるのに必要なものだけ残して、すべて捨てました。

残ったのは5着の作務衣《さむえ》と辞書、パソコン。ステージや外出用の、最低限の洋服のみ。

ああ、さっぱりした。もう死ぬんだ。

当時は毎日、死に装束《しょうぞく》のつもりで、白い作務衣姿で過ごしていましたね。

ところが、2日たっても3日たっても、お迎えは来ず。
1年たった頃には、恥ずかしながら「一周忌コンサート」までやってしまいました。

気付けばかれこれ7年以上、生きちゃってる。
ほんと、図《はか》らずも生き延びてしまって。

これだけ生き延びると、あの時処分した本や服のことも頭をよぎります。
ちょっと、もったいないことしちゃったかなあ。
もう、どうしたらいいんですかね（笑）。

万にひとつの運を受け、この世に生まれ出でて77年。
銀行員として、みずからの想いを紡《つむ》ぐ歌い手として、ひとりの男として、様々な人生の浮き沈みを味わいました。

大病も何度かしました。体はもうボロボロです。

でも。

「もう」と思えば、下り坂。

「まだ」と思えば、上り坂です。

少しでも「もう、俺は……」とうつむきそうになってしまった時、「活命《かつめい》！」という造語で己《おのれ》の背中を押すようにしています。

一度だけの命、しっかり活かさなくては。

何か、俺が生きている証《あかし》になるようなことをやらなきゃダメだ、と。

僕の場合、それは歌創りでした。

歌創りは、他でもない「自分」が生きている証であり、真剣な遊びでもありました。

寝る間を惜しんで遊んで、遊んで、遊び尽くしました。

いい人生だったと思います。

冒頭に挙げたフレーズに加えて、もうひとつ、気に入っている言葉があります。

誰のようにも生きられず
誰のようにと生きもせず

もしかしたら、「温厚な元銀行員にして、叙情的なシンガー・ソングライター」として僕を憶《おぼ》えて下さっていた皆さんにとって、実像は少々イメージと違っているかもしれません。

もちろん、ご想像通りの側面もありますが、おそらくもっと臆病《おくびょう》で、もっと激しい人間です。

挫折や失敗もたびたびあったけれど、思えば僕の人生は、たくさんのよき出会いと、たくさんの優しく在ってくれた人々に支えられてきました。

まもなく、2022年。

ラストアルバム『もういいかい』を発表し、歌手活動に一区切りをつけることにしたこの機会に、「誰のようにも生きられず、誰のようにと生きもしなかった」僕の人生をつれづれに振り返ってみたいと思います。

上り坂、下り坂、迷い道、回り道……いろいろあったけど、悪くない旅路でした。

そして今、余生という名の新たな人生を歩んでいます。

どうか、しばしお付き合いいただければ幸いです。

第一章

「小椋佳」ができるまで

大当たりした祖母の予言

東京都下谷区《したやく》東黒門町《ひがしくろもんちょう》。

僕、小椋佳の出生の地です。

「黒門」は名刹《めいさつ》・寛永寺《かんえいじ》の総門のこと。いわゆる門前町ですね。

日本の敗戦が色濃くなってきた１９４４年1月18日、上野広小路の松坂屋《まつざかや》から目と鼻の先で小料理屋を営む神田今之助《かんだいまのすけ》・トク夫婦の長男として、この世に生を受けました。

「小椋佳」という名は、むろん本名ではありません。

本名は神田紘爾《こうじ》といいます。

子供の頃の僕は、醜《みにく》いとまではいかないまでも、可愛い子というにはほど遠い面立《おもだ》ちでした。

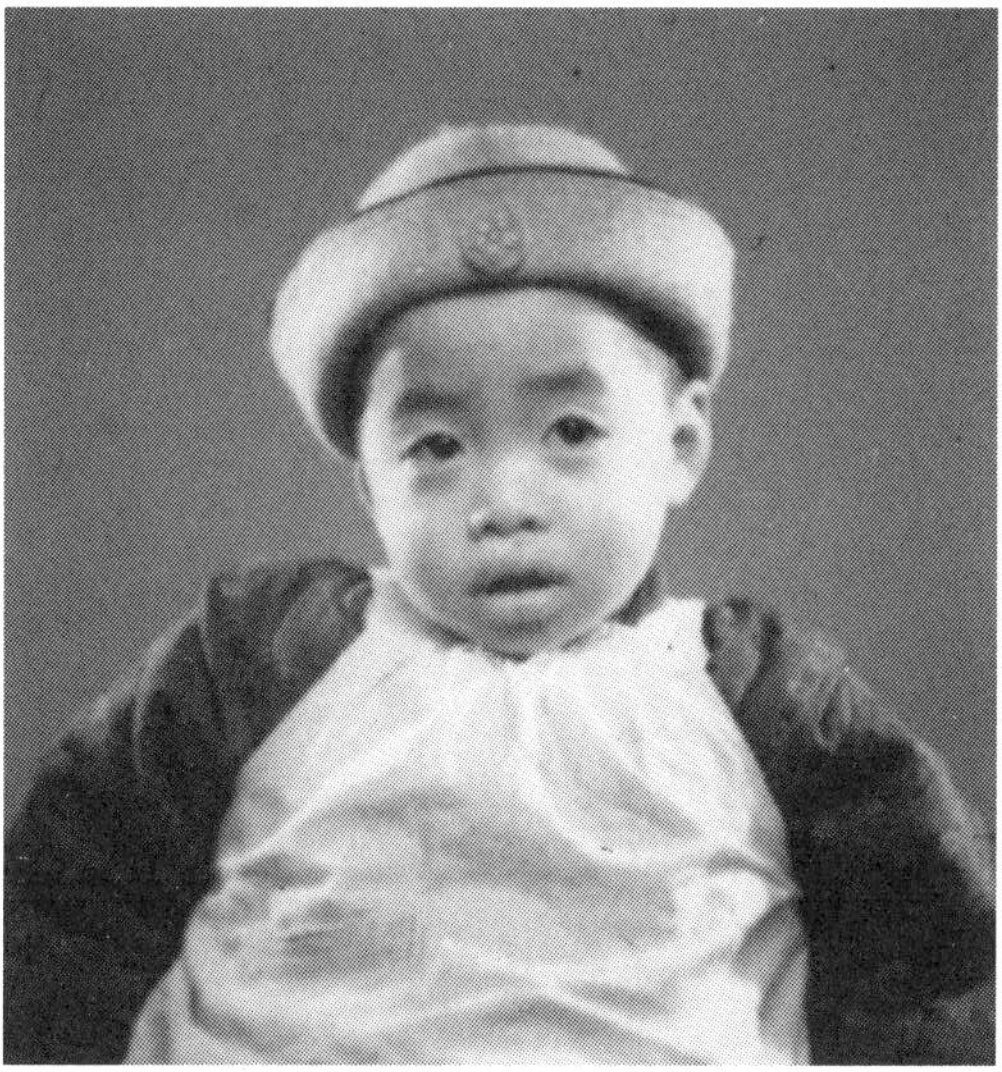

1歳の誕生日を迎えたあたり。
戦争末期は父の故郷である千葉に
疎開していた（1945年頃）

唇がめくれ上がり、決して美男にはなりっこないという風貌《ふうぼう》で、両親ですら「変な顔してるね」と笑っていたそうです。

ただひとり、決然と味方してくれたのは、同居していた母方の祖母でした。「この子はねえ、可愛い、いい顔なんだよう。絶対、一生食うに困らない人相してるんだよう」って。

だからなんとなく、その言葉に寄りかかることで、ここまで生きてこられたのかもしれません。

確かに70年以上生きてきて、本当に食うに困ったことはないんです。結果的に祖母の〝予言〟通りになりました。

どんなことをしても決して怒らず、圧倒的な味方、無条件で可愛がってくれたおばあちゃん。

ありがたいと同時に、今でもとても不思議です。

泣き虫のいじめられっ子

両親の小料理屋は戦後、時代の波に乗って料亭「千世香《ちよか》」に発展し、大通りに店を構えました。

まだまだ復興期。街もほこりっぽく、荒っぽかった。

上野が焼け野原だった頃の記憶はありませんが、近所に残っていた防空壕《ぼうくうごう》はちょっとした小山になっていて、子供たちの格好《かっこう》の遊び場でしたね。二手《ふたて》に分かれ、木の枝を投げ合う戦争ごっことか。

それから、材木置き場の「かくれんぼう」。

僕はなぜか、町内で一番年下でした。要領は悲しいぐらい悪く、おまけに泣き虫。どちらかと言えば、いじめられっ子でした。

いったん「鬼」になると、なかなか隠れている子を見つけることができません。

必死で探しているうちに、そーっと近寄ってきた誰かに背後から「アウト！」という声とともにタッチされて、ハイ、また鬼。

ずっと、ずーっと鬼のまま。

しまいには日が暮れて、遊び仲間は勝手に帰ってしまう。

鬼の僕を、ひとり残して。

あまりの切なさ情けなさに泣きべそをかいて家に戻れば、おふくろがまあ、怒る怒る。

男の子が泣くなんてことは絶対に許さない人でしたから、慰めるどころか「いつまでも泣いてんじゃないよ！」って引っぱたかれてね。

痛いから、さらに盛大に泣くでしょ？　すると、物置に閉じ込められるんですよ。「あんた、ここにいなさい!!」って。

真っ暗い物置に閉じ込められ、膝《ひざ》を抱えていつまでもメソメソしてました。

おふくろ、怖かったなあ……。

江戸っ子おふくろ、カタブツのおやじ

向島《むこうじま》に生まれ育った母トクは、身長144センチ、体重80キロ超。喧嘩《けんか》大好き、お祭り大好き、商売するのはもっと好きという、元気の塊《かたまり》のような人でした。

理性のカケラも持ち合わせず、感情の赴《おもむ》くままに突っ走る。

僕を含めて3男2女、5人の子供たちを溺愛《できあい》する一方で、虫の居所が悪いと、問答無用で金の指輪をした手でカーンって殴りつける。もう、痛いのなんのって。刃傷《にんじょう》沙汰《ざた》もへいっちゃら。お客さんから界隈《かいわい》でぼったくりの店があると聞きつけると、出刃包丁《でばぼうちょう》持って殴り込みに行っちゃう。

「この上野で、あんたらみたいな店は許さない！」って。

実妹、僕から見れば叔母《おば》の旦那の浮気がバレた時も、やっぱり包丁持ってあちらに乗り込んでましたよ。当時、事業に成功して大富豪になっていた叔父《おじ》が震え上がって、一時、北海道に逃げてしまったという（笑）。馬賊《ばぞく》上がりのコワモテ

の叔父も、おふくろの敵じゃあなかった。

その一方で、懐《ふところ》の寂しい若いサラリーマン客からはお金を取らず、代わりに、部長とか肩書きに「長」がつく人たちの宴会では、お銚子《ちょうし》の数をちょろまかして料金を上乗せしてました。

とにかく、みんな歌って飲んで食べて、楽しんでくれたら、それで幸せ。

おっかない母だったけれど、その名の通り、「徳」もあったと思います。

父の今之助は、母より10歳上。千葉の海神《かいじん》（現・船橋市《ふなばしし》）の農家の次男坊です。僕の祖父にあたる人が芸事好きで、息子である今之助も当時大流行していた琵琶《びわ》に熱中。一時は師範として食いつないでいたこともあったようです。

若いうちに東京に出て小料理屋を開き、縁あって母トクと所帯を持ったわけですが、母は生涯申しておりました。

「あの人と結婚したのは、好きになったからじゃない。一緒になれば、とにもかくにも商売ができると思ったから」と。

身長は、当時としては高い１７０センチ超、ひょろっとした体つき。分厚《ぶあつ》い眼鏡をかけ、地味で無口で臆病で恥ずかしがり屋。石橋を叩いても渡らない。性格から体形まで正反対の夫婦でした。

実はふたりとも、かつて結婚に失敗してるんです。父は一度。母は正式でないものも含めて、二度。一番上の姉は母の連れ子です。でも、父は自分の娘同様に可愛がりました。

それからもうひとり。親戚なのか知り合いなのか、よくわからない存在ながら、しょっちゅう我が家を訪れていた「あきらちゃん」。その彼が、なんと母が未婚のままで産んだ男の子、つまり異父兄弟だったことがわかったのは、僕が40歳を過ぎてから。母が亡くなって何年もたっていた頃でした。

母は生涯ずっと秘密にしていたんですね。

父は、連れ子である姉と、よく我が家に出入りしていたあきらちゃんのふたりに、本当に優しかった。言葉には出さなかったけれど、母はずっと感謝していたと思います。

宵越《よいご》しの金は持たないとばかりに、しょっちゅう松坂屋で高価な着物を買いまくり、怒り心頭に発すると包丁を持って殴り込みに行く母に、「トクちゃんは、しょうがないなあ……」と苦笑いしていた父。見るからに「似てない者夫婦」だったけれど、芸事、特に歌うことが好きという共通点もありました。

商《あきな》いがはねた夜、ひとり琵琶を爪弾《つまび》きながら歌う父の渋い声。お世辞にも上手くはないけれど、端唄《はうた》や小唄、義太夫《ぎだゆう》など、お師匠さんについて習い覚えては、強引に披露していた母。

思えば僕は、臆病で慎重ながら時に無鉄砲な性格といい、歌好きの血といい、両親からごちゃまぜになって受け継いでいるんでしょうね。

3億円事件の思わぬ「お告げ」

僕は神様の存在を一切、信じていません。

ですが、「気」とか「念」とか言われるものは、もしかしたらあるんじゃないかな……という思いは、なきにしもあらず。

なにしろ物心ついた頃から、母の〝特技〟を見せつけられていましたから。

母は、いわゆる「霊媒《れいばい》」だったんです。

ある日、引き出しの財布に入れていた店の売り上げ金16万円が、そっくりなくなりました。

そんな時こそ、母の出番です。

家族が固唾《かたず》を呑《の》んで見守るなか、一心不乱に拝んで拝んで、20分。

すると、何かが乗り移ってくるんです。それも、ダーッ！　って手が上がると、もう死んでいる偉い人、もしくは、神様。スッて手が下がると、まだ生きている人か、死んで間もない人。ということになっていました。

で、消えた店の売り上げについて尋ねた時、母の手はスゥーッと下がった。

それからおもむろに後ろ手で例の引き出しを開けて、財布のなかから現金を抜き取って、自転車に乗って……という犯人の動きを再現してみせたんです。

父は、すぐに「アイツか」と思い当たったようでした。

当時、ウチの茶の間はご町内のたまり場で、どうもそこに出入りしていたある少年の仕業《しわざ》だと感づいたんですね。母に乗り移ったのも、その少年の生《い》き霊《りょう》だと。

後日、父はその子を呼んで、こう諭《さと》したそうです。

「ぼうや。最近、何か悪いことしたな、と思ったら、元通りにしときなさい。何も言わないから」

それから1ヶ月もたたないうちに、元の財布のなかに15万円、戻してあったとか。1万円は使っちゃったんでしょうね（笑）。

おふくろのこの手の話は本にできるぐらいあるんですけど、微妙に外すこともあって、おかしかったな。

1968年に3億円事件って起こったでしょ？　当時も今も未解決、迷宮入りの大事件。

数年たった時、弁護士になった大学時代の先輩とふたりで企《たくら》みましてね。あの犯人はどこにいるのか。3億円はどこにあるのか。おふくろに拝んでもらって聞いてみようじゃないかって。もちろん、彼はインチキだと思ってたんでしょうね。

そんな企みとはつゆ知らず、先輩の来訪を歓迎したおふくろは張り切って拝み、20分後。

両手がフーッと上がり、何事かごにょごにょと呟《つぶや》き出します。

もしや神様か!!　とワクワクして耳をそばだてたんですが、言葉が不明瞭《ふめいりょう》で何を言っているのかサッパリわからない。

なーんだおふくろ、わかんないんだなと思って内心ニヤついていたら、それからしばらくして、今度は手が急に下がってきたんですよ。

で、肩がなぜかグラリと傾いた。

途端《とたん》に、先輩がおふくろに向かって「お母さん、許してくれ!!」って叫び出したんです。

え？　ウチのおふくろに何かしたのか？　と思って尋ねたら、おふくろじゃなくて、彼のお母さんのことだった。なんと、彼の母親の生き霊が、おふくろに乗り移ってきちゃったんですよ。

彼にははっきりとお母さんの姿が、おふくろ越しに見えていたんですね。

実は、先輩は東大から優秀な成績で通産省に入省して、まさに官僚としてエリートになっていたんだけど、せっかくのエリート官僚の道を捨てて、密《ひそ》かに弁護士になろうとしていた。しかも、これからその前にひとり、自由な世界旅行に出かけようかと考えていた時期だったんです。彼のお母さんは当然、そんな考えには反対でたまらなかったみたいで。

「すまない、お母さん！　役人ってヤツがつくづく嫌になったんだ。許してくれ!!」

ガタガタ震え続ける先輩を目の当たりにして、呆気《あっけ》にとられましたね。

残念ながら、僕には霊界と通じる能力はまったくないようです。

3億円事件の犯人、今頃、どこでどうしているんでしょうね……。

初めて歌を褒められる

幼い頃、ご町内のいじめられっ子だった僕は、近くの台東《たいとう》区立黒門小学校に入ってからも特段見るべきところもない「その他大勢」の子供でした。勉強・運動ともに可もなく不可もなく。こまっしゃくれたいたずら小僧でしたが、ガキ大将と呼ばれるような器でもなし。まったく目立たない劣等生だったんです。

ところが、小学校3年か4年の時だったかな。代行授業をした女性の先生が、童謡『お背戸《せど》のすずめ』の一節を、ひとりひとりに歌わせたんですね。

〽お背戸のお背戸の　竹やぶは
すずめのねんねの　おやどです

両親の影響で歌うことは大好きでしたから、無我夢中で歌ったんです。

そうしたら、先生が褒めてくれた。

「カンダコウジくん、歌がお上手ね」って。

親からも変な顔だと笑われ、遊び仲間からも要領の悪さをバカにされていた僕です。おおげさでなく、祖母以外の人に、人生で初めて褒められたんです。

高揚《こうよう》し、その喜びは強烈に心に刻まれました。

皆さんもぜひ、小さい子供はどんどん褒めましょう。褒めてあげると、その子にとっては、凄く自信になります。

他ならぬ僕が、そうでした。

クラスでは浮き、まったくモテず

僕の少年時代は、挫折の連続でした。

成績こそ、小学校5年生の時に母親がつけた早稲田《わせだ》大学の学生家庭教師が教え

小学校に入学し、記念写真に収まる。
早生まれで体も小さめだった（1950年4月）

上手で、中学では優等生の部類に入ることができましたが、思い描いた将来の夢は次々と頓挫《とんざ》。

小6でピッチャーとして出場した地元の野球大会では、初戦こそ三振19個を奪って大勝利を飾ったものの、第2戦以降はボカスカ打たれる始末。「大きくなったら大阪タイガースの藤村《ふじむら》富美男《ふみお》選手に弟子入りし、プロ野球でプレーする」という望みはあっけなく潰《つい》えました。

続く中学時代。当時は不良の巣窟《そうくつ》だった台東区立忍岡《しのぶがおか》中学校に通っていた頃、成績だけはよかった僕は級長に相当する代議員、さらには同大会の議長にまで推されました。そこで、仲のよかった友達を生徒会会長選挙に立候補させ、演説文を書いて当選に導き、結果、クラスも生徒会も牛耳《ぎゅうじ》ることに。

ああ、政治家っておもしろいかもしれない。よし。将来は総理大臣になるぞ。

そう、本気で誓ったんです。

でも、3年生ぐらいになって、テレビのニュースなんかで政治家観察みたいなことをしていると、なんとなく見えてくる。政治家って、凄く汚いな。嘘つきだ

中学２年生当時、実家近くの路地裏にて。
バスケットボールに熱中し、急激に背が
伸びた（1957年頃）

なって。早々にあきらめました。

この判断は、間違っていなかったと思いますよ。77年生きていても、信頼できる政治家にはひとりも会わずじまいでしたから。

何より大きな挫折は、全然モテなかったことですね。

荒れた忍岡中学校を出て、都立上野高校に進学した時、最初の自己紹介で、いきなり琵琶歌の『金剛石《こんごうせき》』を歌ったんです。昔、おやじと一緒に風呂に入った時に教えてもらった歌。〽金剛石も　みがかずば　珠《たま》のひかりは　そわざらむ——って。

クラスメイトはみんな、ポカーン！　ですよ。流行歌のひとつでも唸《うな》るのならまだしも、ねえ。

最初は、なぜ自分がクラスで浮いているのかもわからなかったですよね。

そのうち、ふと思い当たりました。

どうやら僕は、「ものを考える」という暮らしをおろそかにしていたのではないかと。

哲学に興味を持ち出したのも、この頃からでしょうか。

「現代の釈迦《しゃか》にならなければ生きる意味がない」などと見当外れの考えに沈んでいた時期もあるし、クラスメイトは相当困惑したんじゃないかな。

級長を務めていた時には、女子柔道部の部長とか女子レスリング部の部長とか、女の子ばかり10人ぐらいから屋上に呼び出しを喰らって、つるし上げられました。何かの言動が彼女たちの気に障《さわ》ったみたいで、「神田君は男尊女卑だ、ひどい男だ」って。

中学から続けてきたバスケットボール部に高校でも入って、バンカラを気取っていましたから……モテない反動として男ぶってたんでしょうね。あの時の女の子たち、本当に怖かったです。

暗い青春の思い出は、まだまだあります。

旧制中学の流れを汲《く》む上野高校は元男子校で、圧倒的に女生徒が少なかった。

自然、秋の学園祭で男女ペアを組んで踊るスクエアダンスでは、あぶれる男子生徒が大勢出ます。

「あんな軟弱な余興、誰がするもんか」

意気がって興味がないフリをして、いち早く不参加を決め込んだ僕は、同じくモテない悪友たちを誘い、校舎の屋上からダンスの輪に向かって小砂利《こじゃり》を投げ込む始末。バカなもんでしたね。


ただし、信じられないことに、こんな男にも想いを寄せてくれた女生徒が、たったひとりはいてくれたようでした。

ある日、女子バスケット部の数名に呼び出されて、「神田君は鈍すぎる」と怒られまして。なんでも、部員のひとりの女の子が、僕のことを気に入っていたみたいなんですね。

思い返せばその子、サンドイッチを作ってきてくれたりしたっけ……。

でも、まったく興味が持てなくて、それっきり。

当時の冴《さ》えない僕の、一体どこがよかったんだろう？

東大受験に失敗し、浪人生活

極めつけの挫折は、東大受験に一度失敗したことでしょう。

本当は哲学に興味があったから文学部たる文科三類を目指すべきところ、だらしない僕は、「君の実力なら、十分、文科一類に進める」と勧める教師の言葉に従ってしまった。文科一類、つまり法学部です。

ナメてたんでしょうね。試験の前日に、姉が自室で開いたパーティーにうかうかと参加してたんですから。

1年間浪人生活を送ったんですが、最初の半年ぐらいは全然気が抜けちゃって、浪人仲間の友達と野球ばっかりしてたかなあ。

ところがある時、姉の友人でほのかに憧れていた女性と一晩中、お話をする機会に恵まれてね。

当時の僕は筋金入りの哲学少年。偶然、彼女も哲学には興味があるようでした。

きっと彼女となら話が合う。あの問題も、この問題も、きっとわかってくれる。そうときめいていろいろ話したんだけど、やっぱりあんまり通じなくて（笑）。

でも、彼女には包み込んでくれるような優しさ、あったかさがあった。いろんな意味で満足した僕は、俄然《がぜん》張り切って勉強するように。現金なものです（笑）。翌年の入試では、力道山《りきどうざん》が空手チョップを繰り出す前のポーズで気合いを込めて挑みました。1年目の失敗を繰り返したくなかったから。

東京大学文科一類に入学したのは、１９６３年の春でした。

特段、法律を勉強する気もなく、入学1年目は漕艇部《そうていぶ》に。教養課程の駒場《こまば》キャンパスに通うことはほとんどなく、月月火水木金金、埼玉県の戸田《とだ》にあった合宿所で、相変わらず男まみれの暮らしを送っておりました。

誰とも、ただの一度もお付き合いすることもないままに。

実は、どうしてもあきらめきれない女性がいました。

小学校1年で机を並べてから、ひとすじに思い続けていた初恋の女《ひと》・塚原《つかはら》佳穂《かほ》里《り》。僕と違って子供の頃から成績優秀、容姿端麗。エキゾチックな顔立ちをした美少女です。

僕など、出会った頃から、まるで相手にしてもらえませんでした。

しかし、運命とはわからないもの。

彼女こそが、その後の僕の人生を大きく変え、やがて「小椋佳」誕生へと導いていってくれたのです。

ただ、それももう少し先の話でした。

歌創りの原点は中2からの日記

《いつも君のことが頭に浮かんで仕方がない。》

《僕の愛情は強く恐ろしい程のものです。それだからこそ、僕は、僕自身に制御の竹むちをふるわなければいかんと思うのです。》

《君に愛されなくても……。》

1963年12月29日、日曜日。当時19歳、大学1年生だった僕が綴《つづ》った日記の抜粋です。

「君」はもちろん、塚原佳穂里。

ラブレターの形式をとっているけれど、彼女に出す勇気もなく、ただひたすら熱い想いをぶつけてますね。

そうかと思えば、翌日の日記には、こんなことが書いてある。

《今の自分は正直いって嫌いです。はっきりと、明確に言い当てる言葉は見付からないけれど、今の自分は嫌いです。》

日記を読み返すと、なんだか昔の自分に会えるような気がします。

なんだ、可愛いじゃないかって、自分が愛《いと》おしくなる。

遥かな時を経て、昔の日記を読み返すと、自分が可愛いものになります。

自分が好きになれない人には、ぜひ、日記を書くことをお勧めしたいですね。ぜひつけたほうがいいと思うなあ。

おそらく、自分を愛してやろうという気になります。

それも、なるべく長い文章を書こうとするほうがいいと思います。

長い文章を書こうとすると、物を考えますから。

日記をつけ始めたのは、中学2年生の頃からです。

他愛もない日々のあれこれや、佳穂里への一方通行の恋。

哲学に没入し、言葉の不毛な堂々巡りにあがき、聴覚過敏の発作に苦しんでいたこと。しばらくは、ただ自分の手前勝手な想いを書き綴っていただけでした。

でも、ある日突然、僕にとって、日記はとてつもなく大きな意味を持ち始めたのです。

子供の時分から、とにかく歌うことが好きでした。

流行《はや》りの歌をいち早く憶え、楽しみ、ひたすら口ずさんでいました。中学時代の昼休みには、教室の後ろにあった黒板に口を近づけて歌うほど。こうすると、自分の声がよく聞こえるんです。もっとも、父母会で「クラスに変な生徒がいる」って話題にされたらしいけれど（笑）。

僕自身は、人の目なんか一切気にしない。まして、誰かに聴かせるなんてことは、これっぽっちも考えませんでした。

頭にあるのは、ただ自分が歌って気持ちよくなることだけ。

そのためにはどんなふうにこぶしを回せばいいのか、どんなふうに工夫すればいいのか。毎日、そればかりを追い求めていましたね。

要は、歌は僕にとって、自分自身のためだけで十分だった。

ところが、高校も半ばを過ぎた頃でしょうか。

あんなに好きだった流行歌が、歌えなくなったんです。

歌うと悪寒がする。気持ち悪くなる。

なぜなんだろう……。

ショックと悲しみで混乱した僕は、やがてあることに思い至りました。

もしかしたら、歌おうとしている「歌」そのものに原因があるのではないかと。

僕は嘘が嫌いです。

だから、〽男と女が波止場《はとば》でナントカ～とか、歌詞の嘘臭さがイヤでイヤでしょうがなかった。

すべての歌とは言わないけれど、商業ベースに乗っているほとんどの歌は、

「しょせんは大衆、この程度の歌曲が喜ばれるのさ」とばかりに作られている。

あまりにも僕たちをバカにしてるんじゃないか――そんな反感がこみ上げてきたんです。

困った。歌いたいのに、歌う歌がありません。

そこで、目をつけたのが日記です。

苦肉の策として、自分の日記から言葉を拾って、即興で口ずさみ始めました。

詞がメロディーを連れてくる感覚、と言えばいいでしょうか。

日記こそ、昔のように毎日はつけなくなったけれど、僕の創作スタイルは、当時から60年近くたった今でも変わっていません。

にわかツアコンで無謀な世界旅行

大学1年生の時に入っていた体育会系漕艇部は、概して弱い東大の運動部にあって、強豪と称《たた》えられる数少ない部でした。

だからと言って、入学後にまっしぐらに目指したわけではありません。

野球部にダンス研究会、バスケット部と、きょろきょろ覗《のぞ》く程度に参加していたある時、漕艇部の新入部員歓迎コンパの誘いを受けた僕は、特に深く考えることもなく気軽に出かけました。

先輩たちのお酌《しゃく》を受け、ビールを呑んで、呑んで、呑まされて……、

ふと目覚めると、そこは荒川《あらかわ》の戸田合宿所。酔い潰れて寝てたんですね。しかも当日、ナックルという6人乗りボートにいきなり放り込まれ、事実上の合宿所

生活がスタートした次第です。

伝統ある強豪部とあって、練習はきつかった。前述した通り、教養課程のある駒場キャンパスは、あらゆる意味で遠い。素晴らしい仲間ばかりだったし、男ばかりの汗臭い毎日も、それはそれで楽しかったんですが、さすがに将来が心配になり、その年の暮れに、夜逃げ同然で退部しました。

先頃挙げた《今の自分は正直いって嫌い》と書いた日記は、ちょうどその頃のものですね。心配して実家まで訪ねてくれた同期のチームメイトや漕艇部の先輩たちへの申し訳なさがつのり、あの素晴らしい仲間たちは今の今も荒川でボートを必死に漕いでいるんだなあと思うと、胸が痛んで授業に行く気にもなりませんでした。

ボートも辞め、学校にも行かなかった僕は、無為無策《むいむさく》のまま2年生に。

ところが二十歳《はたち》の春、意外な〝お役目〟が転がり込みます。

例の金持ちの叔父が出資して設立した観光会社の、今で言うツアーコンダクターとして、いきなりヨーロッパを約40日で回る旅行団を仕切ることになったんです。

ちょうどその年、１９６４年は海外旅行が自由化され、東京で初めてのオリンピックが開かれた時期。急速に海外渡航への関心が高まっていました。

でも、当時は庶民とは無縁の高嶺《たかね》の花。なにしろ、国家公務員の大卒初任給が1万９１００円の時代に、日本交通公社（現・ＪＴＢ）のハワイ10日間の旅は、およそ37万円弱。今の貨幣価値で換算すれば数百万円は下らないでしょう。ましてヨーロッパ、それも40日間です。現代の感覚ならば、おそらく途方もない金額になるはず。

旅行団の名目は、「技能オリンピックの応援見学ならびに各地の業界視察」。僕はなりゆき上、営業から旅の手配、参加者の付き添いまで一手に引き受けることに。交渉相手にナメられないよう精一杯背伸びして年齢を詐称し、企業の経営者中心に参加者をかき集め、48名の観光団のツアーコンダクターとして羽田空港を発ちました。

当然、ツアコンから旅のアレンジまで、経験と呼べるものはひとつもありません。英語もほとんど話せず、視察先であるイタリアやドイツ、ポルトガルなどの現地語に至っては、ほぼ、ちんぷんかんぷん。

なのに恐れ知らずにも、現地に着いてから明日赴《おもむ》こうとする工場の電話番号を調べ、工場見学のOKを取る手配に、ダメ元でアタックするというドタバタぶり。宿や飛行機のアレンジまで、旅先で出たとこ勝負という……。

ドタバタというより、メチャクチャですね。若さゆえにできたことなんでしょうが、思い返しても冷や汗が出ます。無謀な20歳でした。

無口でしゃべり下手な男から大変身

ともかく、広い世界を見られたことは僕にとって大収穫。壁がある時代の東ベルリンもこの目で見てこられましたし、大変だったけど、本当に楽しかった。

もうひとつの収獲は、女性に気《き》後《おく》れしなくなったことでしょうか。

高校時代まで無口でしゃべり下手だったのに、観光会社で営業もやったら、みるみる口上手になっちゃった。2年目に香港旅行を企画した時は２００人のお客さんを集めたんですが、新橋《しんばし》界隈のクラブのママとかホステスさんとか、羽振《はぶ》りのよい女性を狙ってどんどん声をかけてね。

それと、当時は海外旅行をする時の外貨持ち出し制限があった関係で、銀行にもしょっちゅう通っていた。そのうちに、外為《がいため》担当の女の子と仲良くなっちゃったりして。

あんなに奥手だったのが嘘みたいに、調子よかったんですよ、僕。

いわゆるナンパっていうんでしょうか。でも、「可愛いですね」とか、「今度お茶でも」なんていうふうには声をかけない。

「あなた、不思議な顔してますね」

こんなふうに話しかけると、いいキッカケになるんです。

相手は「何を言われたんだろう？」って興味を引かれるじゃないですか。

そこを皮切りに、仲良くなるんです。

一時は10人ぐらいの女の子と同時にデートしたりしてました。

深い付き合いになる子はいなかったけれど、今日の昼飯はあの子と、夜はこの子と映画に行こうか。そんな毎日でした。

刺激はたっぷりあったのに、何か満たされなかった。

すさんでたっていうか——きっと、いい加減だったんです。

〝失恋ショック〟で福島の山村へ

同時多発的に女の子とふざけた付き合いを繰り返していた頃にも、佳穂里の面《おも》影《かげ》は決して消えませんでした。

消えるどころか、ますます濃くなるばかり。

小学生の頃から陰に日向《ひなた》にアプローチしているのに、全然反応がない。

きっと「カンダコウジ」がいるってことは意識していたと思うんですけど、優しい言葉のひとつもなかった。

冷たかったです。


大学3年生の春。

彼女を誘って、隅田川《すみだがわ》で船遊びに出かけました。

そのデッキで勇気を出して、告白めいたことを言ったんです。

でも、いつもと同じ。まったく反応なし。

ああ、俺、失恋したんだな……そう思いました。


学生生活も、とっくに折り返し地点を通過。

叔父の観光会社も、軌道に乗ったのを見届け、すでに離れていました。

そろそろ自分の将来のことも考えなくては。

なにせ1、2年生の頃はまともに授業に出ていなかった僕です。

これを機会に、法学部でありながら大嫌いだった法律の勉強に打ち込むことを決意しました。

佳穂里への想いを、断ち切るためにも。

1965年、夏。

リュックサックひとつに法律書をめいっぱい詰め込み、出かけた先は福島県耶《や》麻《ま》郡《ぐん》北塩原《きたしおばら》村《むら》大字《おおあざ》檜原《ひばら》字《あざ》早稲沢《わせざわ》という山村でした。

そこは、勉強に集中するために大学生が民宿にこもるような、一種の学生村だったんですね。

でもこれがまた、存外におもしろくって。

都会育ちの僕にとって、生まれて初めての自然との共生。お世話になった民宿のお父さん、お母さんも気さくな方で、野生のなめたけを採ったり、湖で泳いだり……、畑仕事やら、山仕事やら、もう楽しくって楽しくって、勉強どころじゃなかった。法律書は、リュックのなかで眠ったままでした。

村に来て1週間ほどたった頃でしょうか。

どういうわけか、スーツケースを引いた佳穂里が、ひょっこり訪ねてきたんです。

てっきりこちらは失恋したとばっかり思っていたのに。

「一体、どうしたの？」って聞いたら、「とにかく来た」って。

いや、もちろん嬉しくてたまらなかったんだけど、それ以上に、とにかく驚いた。

佳穂里のなかで、何が起こったんだろうと。

世話になっている民宿のご主人には「妹が訪ねてきた」ということにして、それから1週間ほど、ひとつ屋根の下、同じ六畳一間で寝泊まりしました。

ふたりの間には、何もなかったですよ。

まだ初々しかったですよね。

想いが深すぎると、かえって軽々しく手を伸ばせないものなのかもしれません。

「小椋佳」を生んだ最愛の女《ひと》

この早稲沢という村は当時約50世帯。そのうち四十数世帯が小椋姓でした。お世話になった民宿のご夫婦も、小椋さん。

傑作だったのは、「小椋さん」というお宅に僕がご厄介《やっかい》になっていることだけは知っていた佳穂里が、村の入り口で目にした「小椋」の表札がかかっている家に、「こちらに神田紘爾さんという学生がお世話になっていませんか？」と尋ねた時の話。

「ウチにはそんな学生さんはいないけど、隣も〝小椋さん〟だから行ってみなよ」と勧められるままに、その隣の家をまた訪ねて。そこで同じような会話が繰り返されて、またお隣の家へ。そうやって一軒ずつ訪ね歩いて（笑）。

僕が世話になっていた小椋さんの民宿は、村の一番奥の鎮守《ちんじゅ》様の脇にあるんですよ。彼女、何軒も何軒も当たって、ようやくお目当ての「小椋さん」に辿り着けたんです。

佳穂里の姿を見て、夢かと思いました。

彼女は特別な人だったから。

その日を境に、日記には「神田紘爾」の分身としての、「小椋佳」が登場するようになりました。

「小椋」は早稲沢村中の人の姓から、「佳」は佳穂里の一文字からとったものです。

交際が本格的にスタートしたのもこの頃です。

何かが変わるような予感が、確実に僕のなかで動き出していました。

晴れて恋人と呼べる関係になっても、僕は信じられませんでした。

佳穂里は僕のような男のところに来てくれる女じゃない。

そんなはずはない。

これは夢だと。

でも、夢ではありませんでした。

3年後、彼女は生涯の伴侶として、僕のところに来てくれたのです。

またしても、実に意外な展開で。


佳穂里は言います。

「あの時、村に遊びに来てほしいって言ったのは、あなたよ」と。

不思議なことに、僕にはまったく記憶がないんです。

失恋したとばかり思ったあの船遊びのデートで、果たしてそんな誘いをかけたのでしょうか。滞在先ぐらいは話したのかもしれませんが……。

日記には何も書いてありません。

間違いなく言えるのは、ただひとつだけ。

最愛の女・佳穂里がいなければ、この世に小椋佳は誕生していませんでした。

卒業試験は寺山修司さんの家から

僕にとって、「生きて在ることの充実」とは、何らかの創造的な活動をすることを意味しました。

それにはまず、「生きて行くこと」をも果たさなくてはなりません。

大学4年生となり、卒業の日が刻一刻と迫っていました。

法学部に籍を置きながら法学に興味が持てず、成績は下位もいいところ。学者や官僚、弁護士を目指すなど論外。

よって、選択肢は民間企業にほぼ限られます。

就職先を決めなければ。

さしたる業界研究もしないまま、ただ「なんとなく」ＯＢ数人を訪問し、「ここならいいか」と思えた日本勧業銀行（後の第一勧業銀行・現みずほ銀行）に願書を出しました。面接だけの入社試験を受け、その日のうちに採用通知をもらったのです。

不遜《ふそん》な言い方ですが、「何がなんでも銀行員になって出世してやる！」なんて意欲に燃えて勧銀を選んだわけではありません。詳細は次章に譲りますが、新人時代のサボりっぷり、遊びっぷりといったら……（笑）。

友人によれば、卒業間近の飲み会で、

「俺は銀行員、つまり組織内存在のひとりとなるけれど、同時に何らかの創造的作業をなし、何らかの表現者になるさ」

と、うそぶいていたそうです。当時は歌創りこそ続けていたけれど、創造的作業や表現者としての自分など、まったく確立していなかったのに。

それでも僕なりに、文学、映画、音楽、演劇とあらゆる芸術に触れ、かじり、自分の生きた証とも言うべき「創造」とは何かを必死で追い求めてはいました。

そんな日々のなかで偶然、赤坂《あかさか》見附《みつけ》近くの小劇場で、あるミュージカルを観たんです。

演技も歌も感心しない学生芝居ながら、脚本は素晴らしかった。

ああ、俺はこんなところにいちゃダメだ。舞台のこちら側じゃなくて、あちら側に行かなくては。今、行動を起こさなくては、決して創作する人間にはなれない。そう思うと、居ても立ってもいられなくなって。

脚本クレジットには「寺山修司」とありました。

そう、詩人・歌人にして不世出《ふせいしゅつ》の劇作家です。

ただ、当時は演劇実験室「天井《てんじょう》桟敷《さじき》」の結成前。正直、よく存じ上げませんでした。

ともあれ、その頃の僕には寺山さんが著名人だろうがなかろうが関係ありません。すぐに近くの電話ボックスに駆け込み、一心不乱に電話帳をめくったら、あった！　あったんです、寺山さんのお名前と電話番号が。

迷わずダイヤルを回すと、なんと、ご本人が出られました。

寺山さん、面喰らったと思いますよ。一面識もない学生が、いきなり電話をかけてきて、「あなたと何か創造的なことがやりたい」って熱弁をふるうんだから。

普通だったら気味が悪くてすぐ切っちゃうと思うんだけど、寺山さんは違いました。もちろん、「いいですね、ぜひやりましょう」なんてことにはならなかったけれど、僕の話を黙って聞いてくれた。

その後、寺山さんがＤＪを担当していたラジオの深夜番組に出演が叶ったのが縁で交流を深め、自宅で主宰されていた詩人サロンにも出入りするようになりました。寺山さんの詩に、僕がギターを弾きながら即興でメロディーをつけて歌ったりしてね。

後に歌手・小椋佳として世に出たのは、寺山さんとの出会いが大きな契機です。

大学の卒業試験は、寺山家から出かけました。

正確に言えば、「天井桟敷」の演出助手で、その頃、寺山家に居候《いそうろう》していた東《ひがし》由多加《ゆたか》君の部屋に泊まらせてもらって、本郷《ほんごう》のキャンパスまで出向いていったと記憶しています。

こんなちゃらんぽらんな調子で、よく落第しなかったものです。

東君はその後、東京キッドブラザースというミュージカル劇団をつくり、劇作家としても活躍。ずいぶん後になって、僕も詩や曲を提供しました。

どうにか卒業試験をパスした僕は、1967年4月、日本勧業銀行に入行。社会人としての第一歩は、未知なる銀行の世界だけでなく、〝舞台のあちら側〟へもつながっていました。

授業に出るより仲間と喫茶店で過ごす
不真面目な学生だったが、なんとか
東大法学部を卒業
（写真中央・1967年3月）

第二章

勧銀マンとして、夫として、父として

渾名《あだな》は「デマラ」〜自由すぎる新人時代

髪はきっちり七三分け。隙《すき》のないスーツにネクタイ姿。真面目というよりカタブツ揃い——教師や公務員、警察官と並んで、銀行員は世間がイメージする「お堅い職業」の筆頭でしょう。

ただ、僕は、新人時代からそのイメージより大きく逸脱《いつだつ》しておりました。

もう、サボってばっかりだった（笑）。

初めて配属されたのは銀座支店です。

新入行員は1年半ほど、内部事務の研修を一通りやらされるんですが、これがもう、全然おもしろくない。やはり同じように事務仕事にウンザリしている同期と旅行の話で盛り上がったり、勤務時間中に海を見に行くなんてことは序の口。

外国為替《かわせ》係ではオフィスのタイプライターで詩を打つわ、窓口係ではややこし

日本勧業銀行の銀座支店にて新人研修中の一コマ。勤務態度は、あらゆる意味で新人離れ（1967年頃）

そうな顧客が近寄ってくると忙しいフリをして、横のベテラン行員さんのほうに仕向けるわ……。

　現金の出し入れをする出納《すいとう》係の時には、

あなたのポケットは空にしておいてください。
ポケットはお金のためじゃなくて
もっと大事なもののための場所です。

　部屋の壁一面に、こんな言葉を書いたでっかい模造紙《もぞうし》を貼って、やってくる行員みんなに、「この言葉見てから帰って下さい」って言ってね（笑）。

　当時、行内では怪獣にちなんだニックネームをつけるのが流行っていたんです。ゴジラみたいな。

僕についた渾名は、デマラ。デマ、つまり根も葉もない噂に由来していました。

極めつけは、内国為替係の時に週に一度、ガリ版刷りで密かにバラまいていた

『デマラ第三層のメルヘン』でしょう。

10ページぐらいの文集に勝手な物語や詩を書いて。内容はほとんどが女子行員に向けた挑発的なもの。「皆さん、こんな職場は早く辞めたほうがいいですよ」とか、「君たちは組織に毒されている」とか。

当時の僕には、女子行員って、銀行という組織で働くうちに話す内容や考え方がパターン化し、つまらない女になっちゃうように見えたんです。

でも、あんまりストレートに書くと角が立つから、おとぎ話タッチでね。

入行1年目にしてやりたい放題の僕に、まあ、何か言ってくる人もいないでもなかったけれど、支店長だった関根《せきね》巖重《いわしげ》さんという方が太っ腹でね。僕のことを「おもしろいヤツがいる」って言って、何でも許してくれたんです。

支店で秋のパーティーがあった時、関根支店長を主人公にしたミニミュージカルもやりましたよ。それも、銀行をおちょくる話で、支店長本人に歌わせちゃったりして。普通は嫌がると思うんですけど（笑）。

行内でも「ガンジュウさん」って慕われていた関根さんは、僕が銀座支店を離れた後も気にかけて、ずいぶんかばってくれました。常務までいって、日本勧業角丸《かくまる》証券（現・みずほ証券）の社長を務められたかな。

大物でしたね。

そうそう、研修中に泥棒を捕まえたこともありましたよ。

週末に通帳や印鑑を盗まれた顧客からの連絡を受けて、泥棒が預金を下ろしに来るのを、網を張って待ち受けた。案の定、翌週月曜日に〝ご来店〟しましてね。

今は自動扉になっちゃったけど、当時の銀行の扉って上手くできていて、内側から外には開かなかったんです。で、警官の姿を見て泡を食った泥棒が逃げようとして、扉にガチャーンって突っ込んだ。僕、そいつに馬乗りになって、警官と一緒に捕まえたんです。

なのに、本部から表彰されたのは、なぜか支店の事務方トップのおじさん。お褒めの言葉も何もなかったな。

社会ってこんなもんなんだなって、少々拍子《ひょうし》抜けしました。

資生堂担当で開眼

1年半の内部事務研修が終わり、入行2年目にして営業に。デマラ時代よりも断然ヤル気が湧いてきました。

最初の3ヶ月は銀座6丁目所在の60社ほどの担当になったんですが、前任者の先輩がものすごく頑張ってくれたおかげもあって、期末の3月に好成績を叩き出してしまって。

4月からいきなり資生堂グループ全体の専任担当を命じられたんです。

なにしろ資生堂さんは勧銀のなかでも超優良顧客、特別な会社です。

「僕まだ入行2年目ですから」と固辞したんですが、上司の「いいよ、お前で」という言葉で腹を決めました。

もう、毎日何時間、資生堂さんに入り浸っていたでしょうか。

一時期は勧銀マンというより、あちらの社員みたいでしたね。

資生堂さんには、本当に勉強させてもらいました。

企業内のお金の流れに銀行はどう関わるべきなのか、お座敷の接待はどうやればスマートにこなせるのか。日々、目が開く思いでした。

あちらの労働組合や秘書室にもせっせと通って、内部の情報をこっそり教えてもらったりね。特に、仲良くなった秘書室の綺麗《きれい》な女の子たちには、時折奢《おご》っていましたよ。彼女たちは全部、来客を把握しているでしょ？　だからライバル銀行の動きはみんな、こちらに筒抜《つつぬ》け（笑）。

他行に先駆けて、という意味では、手形統一制度の提案もしましたね。

当時、手形の用紙って、銀行によって大きさも規格もバラバラだったんです。でも、統一して効率化すればすごく合理的だってことに気がついて。金庫のスペースも少なくて済むから在庫整理も楽になる。

僕の提案で、勧銀が銀行界で最初に手を付けました。本部は賞金1万円しかくれなかったけど（笑）。

あと、先ほどもチラリと触れましたが、後年とても役立ったのが、お金の流れについて向き合えたこと。

資生堂さんの担当とはいえ、そのお金を全部僕が管理してると思ったら、全然違うんですよね。あちらはあちらで証券運用をやってたし、保険会社にもお金はいっちゃうし。そういう、銀行がやっている預金貸し付け業務以外のお金の流れがあるんですが、業務上、証券は扱えなくて悔しかったんですよ。

そのお金全部、銀行、つまり俺が把握してないと嘘だろ？　銀行は狭い業務だけでやってちゃいけないって、しょっちゅう言ってたんです。そこから総合金融業という発想を得て、様々な金融商品を生み出す大きな原動力となりました。

きっと、僕なりに仕事でも創造性を志向していたんでしょう。

資生堂さんと言えば、76年にＣＭとタイアップした曲『揺れる、まなざし』を書きました。

資生堂の旧知の専務さんとか、宣伝部長さんに頼まれては、お断りできるはずもありません。

多少はご恩返しできたのならば、何よりです。

学卒同期100名中、3番目に結婚

銀行員となってからも佳穂里との交際は続いていましたが、僕のほうは相変わらず、彼女との未来については悲観的でした。

というのも、佳穂里は青山学院大学を中退して、文学座の女優になっていたんです。杉村《すぎむら》春子《はるこ》さんと旅公演に出たり、映画にも出演したりして、人気も出てきていた。銀行員と新劇の役者では、夫婦になれないな……って。で、これからどうしようかってなった時に、少々生意気な話なんですけど、僕のほうからフランスの哲学者同士の有名カップル、サルトルとボーヴォワールを引き合いに出しましてね。

「ふたりは愛し合っていたけれど、結婚しないで一生恋人で過ごした。これをやろうじゃないか」と提案したら、彼女も、「それでいきましょう」と。

付き合うけれど、結婚はしない。そんな了解のもとに交際していたんです。

ところがある日、朝日新聞の文化面の下のほうに、『文学座の女優、急遽《きゅうきょ》退団』と書かれた記事が出た。なんだこれ？　と思ったら、まさに佳穂里のこと。すぐに電話したら、彼女、アッサリ言うんですよ。

「うん、辞めた。私は役者に向かないと思って。もう料理学校に行って、お茶とお花も習ってる」

要するに、花嫁修業を始めたってわけですね。話が違うじゃないかと思って(笑)。

そう決めたなら決めたでしょうがない。ただ、その時はまだ、結婚するっていう話にはならなかったんです、僕としては。

で、今まで通りのデートを続けていたある日。彼女から、「今日は私に付き合って」と言われて。否やはないからついていきましたよ。

向かった先は、ふたりの地元・上野の、とある料亭。

控えの部屋みたいな六畳間に通されて、座布団《ざぶとん》に腰を下ろしたんです。

そうしたら突然、前のふすまがパッと開いた。次の瞬間、我が目を疑いましたね。だって、あちら側の広間に、上野のれん会の親分衆がコの字形に居並んで、ズラーッと勢揃いしてるんですよ！

老舗《しにせ》の旦那衆で構成される上野のれん会は、地元では我が家と違い、厳然たるハイソサエティ。

そのうち、ひとりの男性がスッと立ち上がりました。

「えー、皆さま。ここに控えおります若者が、今度ウチの娘の婿《むこ》になる男です」

なんと、地元でレストランを営む、佳穂里の父親ではないですか。

おい、ちょっと待ってくれよ……と慌てる間もなく、結婚式は彼女の家族がみんな挙式する上野精養軒《せいようけん》に決定。

入行2年目の11月に式を挙げ、夫婦となりました。

学卒同期100名中、3番目に早い結婚でしたね。

もちろん、彼女と結婚できて嬉しかったですよ。小学校の頃から憧れ続けた佳穂里と、まさか結婚できるなんて思ってもみなかったですから。

でも、その手でくるとは思わなかったなあ（笑）。

新婚旅行はグアムとサイパン。特にサイパンは、まだ日本人観光客もあまりいない頃でね。白い砂浜が広がる誰もいないビーチでふたり、素っ裸になって泳いだなあ。

あの時、確か写真を撮ったはずなんだけど、なぜか1枚も残っていない。どうしちゃったんだろう、あの写真……。

恋人時代も、佳穂里にはどこかクールなところがありました。

本当に僕のことを好きなのか、よくわからなかった。

相思相愛を実感できたのは、結婚してからです。

だって、結婚する直前まで、家内は「男はモテなきゃダメ」とか、「手もつなげない男はダメ」とか言ってたんですよ。

へぇ〜、凄いこと言ってくれるよなあって思ってました。

でも、結婚したら、だんだん話が変わってきた。

「他の女の人を抱くのはダメ」↓「口づけはダメ」↓「手も握っちゃダメ」ときて、最終的には「一切、お付き合いなんかしちゃダメ。絶対ダメ」

すっかり厳しくなりました。

結婚すると女性は変わるというけれど、もう、本当に変わりましたね……。

「あの頃の塚原佳穂里さんは、どこに行っちゃったのかなあ」なんて家内に言うと、イヤ〜な顔しますね（笑）。

新婚旅行先のサイパンで、青い海をバックに
最愛の佳穂里と（1968年11月）

歌声を探し出したディレクター

佳穂里と所帯を持ち、資生堂の担当として多忙な毎日を過ごしていた頃のことです。

銀座支店に、僕と同じぐらいの年と思《おぼ》しき、ひとりの男性が訪ねてきました。

そして、レコード会社・ポリドールのディレクター、多賀《たが》英典《ひでのり》という名刺を出しながらこう言ったのです。

「探したよ。君が小椋佳だね」

多賀ディレクターは、まだ僕が研修中の時期に寺山修司さんから誘われ、小椋佳名義で3曲を吹き込んだアルバム『初恋地獄篇』を聴き、大きな誤解をしていました。

きっと、この「小椋佳」なる歌い手は15かそこらの美少年に違いない。これは売れるぞ！　と。

ところが、苦労して探し当てた目の前の小椋佳は、美少年の面影すらない25歳の銀行員にして、すでに所帯持ち。とりあえず一杯やろうということになり、僕たちは飲みに行きました。

その折、僕自身が創った歌を披露する機会があって、多賀ディレクターは素早く戦略を変更します。

あなた自身はいらないけれど、あなたの作品はぜひ使いたい、と。

それからの彼は、僕の歌を歌うにふさわしい、できれば美少年を探すのに奔走《ほんそう》しましたが、なかなか見つかりません。

発掘の途中で浮上したひとりが井上陽水《いのうえようすい》さんです。『白い一日』という曲は、僕の詞に彼が曲をつけてくれました。残念ながら、当時は僕の作品を彼が歌うというプランは実現しませんでしたが、『白い一日』は、今でもとても大切な存在です。

多賀ディレクターが新人歌手探しに走り回っているうちに、僕自身の勤め事情にも変化が起きていました。行内の選抜試験にパスし、米国シカゴのノース・ウェスタン大学院に1年留学することが決定したのです。

ここに至って、多賀ディレクターは新人発掘を断念。結局、僕自身で8曲の歌をレコーディングし、米国へと旅立ったのです。

こうして出来上がった初めてのアルバム『青春―砂漠の少年―』は、異例のものでした。

なにせ僕は競業禁止の銀行勤め。何より、多賀ディレクターに「あなたの顔はいらない」と言われていた身ですから、顔出しは一切なし。また、収録した8曲では尺が足りず、苦肉の策として若手俳優の岡田裕介《おかだゆうすけ》さんと森和代《もりかずよ》さんの台詞《せりふ》が挟み込まれていました。

おふたりは、当時相応の評判を受けた映画『赤頭巾《あかずきん》ちゃん気をつけて』の主演コンビでもあります。岡田さんは後に東映会長を務められた方。僕のファーストアルバムのジャケット写真は岡田さんだったから、リスナーのなかには、岡田裕介さんが小椋佳なんだと勘違いされた方も多かったようです。

　こうして、小椋佳の初めてのアルバムは１９７１年1月15日に発売されました。でも、僕自身はすでにシカゴの地を踏んでおり、この目で自分のレコードが店先に並ぶ光景を見ることはありませんでした。

「こんなもの売れないよ」というポリドール幹部の声に反し、若者の間でじわじわと売れ出していると聞いても、あまり実感が持てませんでした。

一方、銀行は僕の音楽活動を知っても、終始「温かく無視」。

大らかだった時の人事部には、今でも感謝しています。

　この年は、他にも大きな出来事が立て続けに起こりました。

留学中に、僕が勤務していた日本勧業銀行と第一銀行の合併が決定。

また、元気の塊のようだった母トクが、糖尿病の悪化で天国へと旅立ちました。

享年59。

死に目に会うことは叶いませんでした。

僕は留学を１ヶ月早く切り上げて、帰国を決めました。

銀行合併後のゴタゴタ

帰国後の配属は茅場《かやば》町《ちょう》支店の証券担当。赴任して３ヶ月後に日本勧業銀行と第一銀行は合併し、第一勧業銀行となりました。

やっぱり、両行出身者同士の派閥争いはありましたね。それぞれの頭文字をとってＤＫ戦争なんて呼ばれてました。

たとえば旧第一のヤツは旧勧銀の人間をいじめるとか、見下すとか。反対に、旧勧銀の人間は、同じ系列の支店の書類は甘く審査するけれど、旧第一の支店の書類は厳しいとか。

あるいは、それぞれの派閥に有利に働くようなことをやった人間の評判が上がるとか。そんなことばっかり考えてるヤツがいるんです。旧銀行のためだけに働くことを生きがいとするような人間が存在する。

本当にくだらない。意味なんて何にもないのに。

今、みずほ銀行というメガバンクになりましたけど、合併に伴う負の部分も相当包み込んでいるんでしょうね。

その後、対証券取引が旧第一系の兜町《かぶとちょう》支店に集約されることになって、僕はそちらに異動。

勧銀系の同僚からは、「落下傘《らっかさん》部隊」なんて呼ばれておりました。

期待だったのか同情だったのか、両方とも混在していたと思い出します。

慌ただしく月日は流れ、同年11月には2枚目のアルバム『雨』、翌72年の3月には3枚目のアルバム『彷徨《さまよい》』が発売されました。

『彷徨』は、1枚目と2枚目のアルバムから歌の部分だけを抜き、新たに3曲ばかり加えて再構成したものでしたが、あれよという間に１００万枚を突破。相変わらず素性《すじょう》・顔出しＮＧながら、ＦＭ局でＤＪなども少々こなしており、徐々にメディアの注目も集まりつつあるという状況でした。

ずいぶん荒っぽい取材をしに来た週刊誌もありましたね。

「１９７０年代に活躍が予想される人物たちの特集記事」と聞いてインタビューに答えたのに、いざ誌面になったら、「一銀行員の副業に驚愕《きょうがく》した第一勧銀重役会」なんて大見出しが躍っていて。

広報室長から大目玉を食らい、重役たちに詫びを入れる事態となったんです。人事部長から、小椋佳としての仕事から手を引くように言われた僕は、こう啖《たん》呵《か》を切りました。

「小椋佳の活動は、業《なりわい》としてやっているわけではありません。僕にとって、歌創りは日記をつけることと同じです。サラリーマンは日記をつけてはいけないという法はないはずです」

そのうえで、今後はラジオ、テレビ、ステージなど、人前に顔を出す活動はすべてやめる。その代わり、歌創りは続けさせてもらう。そう申し出たところ、どうにか認めてもらえました。

行内では合併後の混乱が続いていましたが、初アルバムを出した旧勧銀時代と同様、この時の裁定も大らかだったのには救われましたね。

外為で荒稼ぎから一転、奈落の底へ

兜町支店で外国為替業務の勉強を積んだ後は、新支店開設準備委員として赤坂へ。当時は20代後半の最も血気盛んな頃です。外回りの一兵卒である僕に、上司から次のような命令が下りました。

「赤坂全区の横文字会社とカタカナ会社の新規取引を開拓せよ」

横文字やカタカナの会社となると、やはり多いのは貿易関係です。新規開拓の責任者となった僕は赤坂中の横文字・カタカナ会社に飛び込んでいきました。

ちょっと専門的な話になってしまうのですが、特に力を入れたのが、D／P・

D／A、いわゆる「信用状なし荷為替手形決済」という取引です。

たとえば商品を輸出する場合、どうしても現地から支払いを受けるまで時間がかかります。輸出者には代金回収リスクが付きもの。

そこで、為替手形などを介してお手伝いするのが銀行の仕事です。D／P・D／Aは、本来は輸出時に必要なはずの信用状がない取引です。

インドネシアで売る日本の中古トラクターを輸出する会社から、その頃注目され始めたパンティストッキングを扱う会社まで業種は多岐にわたり、顧客の数はうなぎのぼり。外国為替（外為）取り扱いを膨《ふく》らませて膨らませて、1年たったらなんと、その外為取り扱い高が、第一勧銀・三百数十支店中、3番目に躍り出ちゃった。

ちなみに1番はなんたって本店、2番目は大阪支店。

で、3番に、なぜか新規店舗の赤坂。

本店ばかりか、全国の支店がザワついたみたいですよ。赤坂、一体、何をやってるんだ!? って。で、僕の名前が挙がったようでね。

「どうも、神田ってヤツが荒稼ぎしてるらしいぞ」と。

ずいぶんその時はお褒めの言葉に与《あずか》りましたけど、その末路たるや……。

ひたすら営業成績を上げることに没頭し、夜を日についで激務をこなした赤坂支店には、2年ほどおりました。

米国最大の証券会社メリルリンチで研修するため、75年4月に再び渡米することが決まっていた僕は、お別れ会を企画。お世話になった支店の仲間やご家族に感謝の気持ちを伝えるべく、ごく内輪のミニコンサートを催《もよお》すことにしたのです。

もちろん、当時はまだ顔出しＮＧ。ＮＨＫホールで初コンサートを開く前のことです。

渋谷にあったヤマハ系のライブハウスを借り、準備万端整った当日の土曜日、午前中。いきなり1本の電話が入りました。

なんと、僕が貸し込んでいた一番大手の会社――インドネシアで売る日本の中古トラクターを輸出していた会社が不渡りを喰らったというんです。

取引先のインドネシアの会社が代金を払わない、と。億単位のお金です。

当然、貸し込んでいた会社は倒産、銀行にも実損が発生という緊急事態。買った手形が払ってもらえないわけですから、一大事なんてもんじゃありません。

その日、ゴルフに行っていた支店長を慌てて呼び戻して、善後策を必死で練りました。もう歌ってるどころじゃないですよね（笑）。

ライブハウスに集まってくれた行員仲間には事情を明かさず、2時間の予定を1時間に縮めて、とにかくステージはやりましたけど……、歌の最中も、そりゃ落ち着かないですよ。トークなんか、みんな飛ばしちゃった。

結局、この一件が解決するまで半年かかりましたね。弁護士を立ててインドネシアの会社に債権回収の申し立てをしたり——ほんと、ひどい目に遭いました。

ひどい目って言えば、赤坂はその頃、荒っぽい面もある街でね。

ヤクザさんがプロレスラーみたいなガタイのいいヤツを連れて支店に乗り込んできて、脅されたこともありましたっけ。

「ここにいる男は、ちょっと、怖いんですよ」とかニヤリと笑って。

ちょっとどころか、凄く怖かったです。

もうおしまいだと観念したこともあります。

当時、外貨の持ち出しは１人３０００ドルの制限があった。で、ある社長さんに相談を受けたんです。１億か２億のお金を海外に持ち出したいと。

平たく言えば、裏金隠し。さてどうしたらいいかと考えて、危ない橋を渡りかけました。「危ない」と認識していながら。どんなに危険な橋だったかは、ちょっとここでは言えないけれど……。

結果的に橋を渡ったものの、国税庁の役人にこっぴどく絞られました。

若かったんですね……。

「もうやめてやる！」でも、妻は泰然

おふくろ譲りの無鉄砲とともに、おやじの臆病さも受け継いだ僕です。

国税に呼び出された時は肝《きも》が冷えました。

でも、うちの奥さんは、そこが幸せな女なんだな。何が起こっても心配しないんですよ。

ドシッと構えて、「ああ、そうなの。全然私には関係ないわ」って感じで。嫌になっちゃうよ、ほんとに(笑)。

家内は自分で1回もお金を稼いだことがない人だから。お勤めもしたことがないし。仕事してお金を稼ぐ苦労を一切知らないんですよね。

だから、僕が大ピンチで苦しんでいる時も「何かお手伝いしましょうか」とか絶対言わない。

「それは、あなたが、あなたで解決すること」

ってピシャリ。もう、いっつもそう。

その代わりに、

「あなた、どうするの明日から!? クビになっちゃったら、生活どうするのよ!?」みたいな取り乱し方も絶対しません。

出勤する朝、何度家内に言ったことか。

「今日、辞めてくるから」と。

日常の銀行業務なんて、つまらないですもん。わくわくするような新しい仕事が降ってくるのは、だいたい5年に一度ぐらいかな。許せない上司もいましたしね。


49歳で依願退職を決めた時。

「ほんとに辞めるよ」

意を決して告げた僕に、

「あ、そう。よかったわね」

——家内の反応は、実にアッサリしたものでした。

きっと、いつも「辞めるよ、辞めるよ」って言ってる男がやっと本当に辞めるんだな、と思っただけでしょう。

まあ、大らかって言えば大らかだけどね（笑）。

意外だった『シクラメンのかほり』レコ大受賞

おもしろいことに、激務やトラブルでてんてこまいだった赤坂支店時代は、歌がどんどん生まれた時期でもありました。

それまで毎年50曲近く創ってきたのですが、赤坂の頃は1年で１００曲はいったのではないでしょうか。

布施《ふせ》明《あきら》さんのために書いた『シクラメンのかほり』もこの頃できた歌です。まさに、疲れを知らない子供のように働き、真剣に遊んでいました。

曲そのものについての話は次章に譲りますが、まさかその年——75年のレコード大賞を獲るとは夢にも思いませんでした。

曲が完成したのはメリルリンチでの研修のために渡米する直前、春先ぐらいだったと思います。

布施さんが所属する渡辺プロダクションに曲を渡して、ニューヨークへ。投資銀行についてみっちり学び、夏にはニュージャージーに一軒家を借り、日本から家族も呼び寄せて水入らずの暮らしを楽しみました。スタッフを招いて、ニューヨークレコーディングもしました。

貸し主はどこかの大学教授だったのですが、「留守の間に熱帯魚の世話を頼む」と言われて。でも、ちょっと油断した隙に水槽内でタニシが大増殖。もう、ガラスが見えないぐらい真っ黒なんですよ、タニシで。

幸い熱帯魚は無事でしたが、こっちは生きた心地がしませんでした。慌てましたね。その時に創った歌が『めまい』です。

僕が米国でタニシ大増殖に怯《おび》えている間にも、『シクラメンのかほり』は着実に人気を広げていました。元はB面用に書いた曲だったのにA面となり、予想を超えるヒットとなっていたのです。正直、あんなに売れるとは……。

もっと意外だったのは、一銀行員である作詞作曲者の僕自身にも注目が集まっていたことでした。

研修の後半はパリに渡って直接金融の勉強を重ねたのですが、さあ帰国という段になって、第一勧銀の本店から「予定通りには帰ってこないように」という緊急連絡が。マスコミが僕の帰りを空港で待ち構えているというのです。

仕方ないので、パリからデンマークまでひとり旅。コペンハーゲンで1週間ほど時間を潰した後、密かに帰国しましたね。

その年の12月31日、大晦日《おおみそか》。

『シクラメンのかほり』は第17回日本レコード大賞にノミネートされました。中継するＴＢＳから、「当日は会場にいてほしい」「それが無理なら、せめて電話で受賞の喜びを語ってほしい」と再三要請されましたが、そんな形で他人様《ひとさま》の前に出ることなど、ご免こうむります。

逃げ回った僕は結局その夜、上司たちと東京駅八重洲口《やえすぐち》の雀荘に潜伏《せんぷく》。ジャラジャラと牌《パイ》をかきまわしていたちょうど同じ頃、そこからほど近い帝国劇場のステージには、『シクラメンのかほり』で大賞を射止め、熱唱する布施さんの姿がありました。

運命のいたずらは、まだまだ続きます。

翌76年10月には、ついに僕自身も、遅ればせながら初めてのコンサートを開くことになったのです。

それも、勤め先である銀行からの勧めで、断り切れず。

こちらも詳細は後述しますが、ほんっとうに疲れました。「二度とやるもんか」と思ったものです。

あれから45年余。

まさか77歳にもなって、まだやってるとは……。

いい父親じゃなかった

米国メリルリンチ証券やパリでの研修から帰国後は本店勤務に。

証券部受託課を皮切りに、大企業相手の融資案件を審査する営業審査部、新設の国際財務サービス室を渡り歩きました。

特に86年に初代室長となった国際財務サービス室は非常に痛快でしたね。

スワップとか外国為替先物など様々なテクニックを組み合わせて、これまでになかった独自の金融商品をどんどん発売したんです。まさに、発想力・創造力勝負。自慢話みたいで恐縮ですが、取引総額として数兆円の新規ビジネスとなったはずです。


メリルリンチにおられた盟友・石田《いしだ》昭夫《あきお》さんと組み、東南アジアの産油国ブルネイで準国営の銀行をつくったこともありました。

王様への貢《みつ》ぎ物として手に入れた１００万円の日本刀を携え、宮殿に意気揚々と乗り込んだまではよかったんですが、２０００万円の自動ドアを貢いでいた某証券会社に先を越されていたのが発覚！　なんてことも。もう、笑っちゃいました。勧銀としては大奮発だったんですがね……。

ちなみに王様は、部屋数１７８８、浴室57、５０００人の客を招ける大広間、５面のプールがあり、５６４個のシャンデリアが煌々《こうこう》と灯る１０００億円の宮殿にお住まいでしたね。設立した銀行は、いろいろあって、今はもうないです。

そんな調子で国内外を飛び回っていた僕は、家庭はほぼ放ったらかしでした。１９６９年に長男の知秀《ともひで》が、73年には次男の宏司《こうじ》が誕生しましたが、息子たちと接する時間は圧倒的に少なかったです。

長男が生まれてすぐシカゴに単身留学してしまったし、次男が生まれた時も、ちょうど兜町支店から新設の赤坂支店に異動する前後のタイミングだったため、子育てはすべて家内任せ。同世代の父親は家庭を顧《かえり》みない人が多かったけれど、それにしても僕はひどいものでした。

東黒門町の実家は、逆だったんです。両親の営む料亭は自宅と同じ場所にありましたから、いつも一緒。深夜、商売がはねると、家族８人で茶の間に寄り合っちゃ、ずーっとしゃべってました。お話会っていってたね。両親も楽しみにしてたし、僕ら子供もイヤイヤというわけでもなく、ごく自然に付き合って。まさに下町って感じ。

対してウチは、食卓を囲むのは朝食ぐらい。たまに息子たちと顔を合わせれば「勉強しろ!」とガミガミお説教。2、3回、「出て行け!」って怒鳴ったこともありますよ。あんまりだらしなかったから。

長男は今、僕の所属事務所の社長をしているんですが、トーク番組で阿川佐和子さんとご一緒した時、互いの父親の恐ろしさで盛り上がったらしいです。恐怖じゃなくて、「恐《きょう》父《ふ》」論でね(笑)。

大いに反省しています。

父親らしいことはほぼ、何もしていない僕ですが、唯一それらしいことと言えば、長男が幼い頃、一緒にレコーディングしたことでしょうか。NHK『みんなのうた』で流れた『オナカの大きな王子さま』では、やや調子っぱずれのあどけない声を響かせてくれています。

まだ幼い長男知秀（左）、次男宏司（右）と
学生時代の思い出の地である福島・檜原湖で
遊ぶ（1975年頃）

また、プロデュースした子供主体のミュージカル「アルゴ」の稽古場に、次男を連れていったこともありました。

『Vol.1 アルゴ初めての冒険』と題したこのステージの幕が開いたのが87年5月。そのわずか2ヶ月後、まさか次男に思わぬ病《やまい》が襲いかかろうとは……。

病室で宏司のためにできたのは、祈ることと、歌うことだけ。父親としての僕は、あまりにも無力でした。

詳細は後の章に譲りますが、幸い次男は一命を取り留め、奇跡的に回復を果たし、今では琵琶作りの職人となって暮らしを立てています。

過酷な病に負けず、彼が生き抜いてくれたことを、幸運に思います。

重役を目前にして浜松支店に赴任した理由

本店・事業情報部の次長だった91年、47歳の時に、ある人事の話が下りてきました。

香港の現地法人の社長をやるように。次は重役だ、と。

いわゆる出世人事でしょう。

だけど、断りました。今さら海外勤務なんてする気はサラサラなかったから。

重役の椅子《いす》が約束されているということは、頭取候補に入っているということでもあります。

何度も理由を聞かれたけれど、気持ちは変わりませんでした。

その頃から、「偉くなるってのはイヤなもんだな」と思ってたんですよね。

40代にもなってくると、頭取とか重役なんかとの付き合いもするようになって、僕なりに見えてくるものがあったんです。

上の人たちが、本当は何をやっているか、ね。

「もっと上に行きたい。もっと、もっと」って、もう必死。どの人に取り入って、どうまく立ち回ればいいのか。そんな腹の探り合いばかりに精を出してる。醜《みにく》いですよ。人生の貴重なエネルギーを、最後の出世のために使うなんて。頭取になったからって、だから何だっていうんだろう。

香港行きを拒んだ僕に、ある偉い人は言いました。

「愚かな選択だ」と。

代わりに下った辞令は、静岡県の浜松支店長のポストでした。

行員人生初の地方勤務にして、支店長の仕事です。

当時、県内には三島《みしま》、静岡、そして浜松の3つの支店があり、一番規模の大きい母店《ぼてん》は浜松でした。しかも、超優良顧客のヤマハさんがある。

内部事情に詳しくない方は、「栄転だね」と祝福してくれましたね。また、僕が小椋佳として音楽活動をしていた縁もあって、ヤマハさんと関係が深い浜松支店長になるんだと勘違いしていた方も、けっこういました。事実は全然違ったんですけど。

反対に、浜松支店のことをよく知っている人は、心配してくれました。

「君、大変なところに行かされるね」と。

実は旧勧銀時代から、あの支店はけっこうな問題店。労働運動が盛んで、通算60年の歴史のなかで一度も業績表彰されたことのない、ただひとつの支店だったんです。


苦労は覚悟のうえで、僕は浜松へと向かいました。

佳穂里と息子たちを東京に置いての、単身赴任でした。

ここにいる君が、君でなきゃおかしい

浜松に赴任して2年目でしたか、80人の支店行員に申し伝えたのは、「残業禁止。5時退行」です。

よくいるでしょ、職場にいる自分は本来の自分じゃなくて、アフター5にやっと本来の自分になるっていう考え方をする人が。

それ、ダメですよ。

だって、毎日8時間も使う時間を、「本来の自分じゃありません」なんて振る舞い方をするのは不幸じゃないですか。

ここにいる君が、君でなきゃおかしい。仕事場でも自分らしくあれ。そう思いませんか？

でも、そうは言っても、支店のみんなは仕事熱心でね。5時過ぎてもけっこう残業やってるんですよね。

僕、頭にきて、2階から下のフロアーに向かって怒鳴りましたよ。

「俺の言うことが聞けないのか！　帰れ!!」って。

みんなビックリしてました。

2年間の浜松勤務で、怒鳴ったのはそれ1回きりです。

歴代の支店長を悩ましていた労働組合員4人とも、膝を交えて徹底的に討議しました。仕事をするとはどういうことか、銀行で働くとはどういうことか——終業後、3夜連続でという時もありましたね。

ある時、「君たちにとって銀行とは何か？」と尋ねてみたんです。

そうしたら、リーダー格の行員が、「資本家と労働者の関係だ」と答えた。

僕は言いました。

「君は銀行のために働くんじゃない。〝ために〟なんて言っちゃダメだ。君は君のために、ここに来てるんだ。君のためにならないような労働はするな。君のためになるような働き方をしろよ。君の仕事ぶりが、君の自己表現になってなきゃおかしいだろ」と。

僕は、僕の当たり前の考えを伝えただけだった。

けれど、4人には何か感じるところがあったみたいでね。

最終的にはリーダー格の男が約束してくれたんです。

「よくわかりました。神田支店長の在任中は、一切問題を起こしません」と。

赴任1年目の91年、浜松支店は業績が急上昇し、表彰されました。

ただ、張り切った副店長が「2年連続で表彰を目指しましょう」と言い出した時は、「そんな考えた方、やめろ」って止めましたね。銀行に尽くすことが嬉しいなんて思ったら大間違いだ。銀行はそんないい場所じゃない。君を中心に銀行は回ってるんじゃないし、君の都合で銀行があるわけじゃない。銀行は銀行の都合で君を使うから。

それよりも、「個《こ》職《しょく》双《そう》善《ぜん》」でいかないか、と。

古《こ》色《しょく》蒼《そう》然《ぜん》って、普通は、〝いかにも古めかしく見えるさま〟という意味だけれど、僕の「個職双善」はそうじゃない。

個人の個と、職場の職と、両方の双、ふたつという意味ですね。善は善悪の善。「個人としても、職場人間としても、両方善《よ》い」という暮らしをしようじゃないか。そんな思いを込めた「個職双善」だったんです。

だいたい、寝る間を惜しんで仕事するようなヤツに、いい仕事をする人間なんかいません。

寝る間を惜しんで遊ぶんなら、わかるんですけどね。

「個職双善」な浜松ライフ

単身赴任中は支店長社宅に住んでいました。

家内が週に一度来て、部屋に1週間分の背広とワイシャツなんかをセットしてくれてね。食事はまかないのおばあさんが作ってくれましたね。

もっとも、夜は地元のお客さんとのお付き合いも多かったなあ。

浜松の方は人柄いいですよ、みんな。ほんと、人なつっこいし。

それと、とにかく遠慮を知らない（笑）。

社宅の近くに住んでいたある会社の社長さんは、よく浜名湖《はまなこ》の釣りに誘ってくれた。それはいいんだけど、朝から夕方まで釣り糸垂れてると、日差しが強いからくたびれるし、飽きちゃう。どんどん釣れるわけじゃないから。

で、クタクタになって釣った魚を持ち帰り、社宅のおばあさんに料理してもらおうと思ったら、その社長さんが約束もなしで上がり込んでくるんだよね。「じやあ、一緒に捌《さば》こうか」って（笑）。

凄く親しくなった、うなぎパイで有名な春華堂《しゅんかどう》の専務さんも、愉快だったなあ。

その専務さん、もともと勧銀のファンでね。新しい支店長が浜松に来ると、必ずご馳走《ちそう》してくれるんですよ。で、着任した時にも一席設《もう》けて下さったんだけど、どうも最初は僕のほうが年上に見えたみたいでね。「さようでございますか、ハハーッ」って腰が低かった。

ところが、話しているうちに僕のほうがいくつも年下だってバレたら、途端に態度が大きくなるの。「浜松じゃ年上のほうが偉いんだ」とか言い出して（笑）。

でも、いい人。本当にいい人だった。可愛がってくれたな。

専務さんとのご縁で、うなぎパイのＣＭソング『うなぎのじゅもん』も創りましたね。

最近は曲に合わせた『うなぎのじゅもん体操』も動画で公開されてるそうです。

浜松のお子さんは、小椋佳のことを「うなぎの歌の人」って認識しているらしいですよ（笑）。

毎晩接待の飲み会続き。講演会の依頼も土日関係なくひっきりなし。副支店長に手伝ってもらって飲み会なんかは代わりに行ってもらうこともあったけれど、ハードでしたね。当時、血糖値が400以上あったんですよ。よく倒れなかったと思います。張り切ってたんでしょうね。

93年に、2年の支店勤務を終えて本店財務サービス部の部長として戻ることになった時、地元の勧銀びいきの主要顧客8社でつくる「八社会」の社長さんたちが送別会を開いてくれました。

皆さん、親身になって力になって下さった方たち。店務運営のアドバイスなんかもたくさんいただき、「個職双善」な浜松ライフに導いてくれました。

こんな気のいい方々とお別れするのが、寂しかった。

送別会がお開きになって、ある社長さんをご自宅までお送りしたら、彼が泣き始めてね。「神田支店長、お別れだね」って。

最後は抱き合って泣きました、僕も。

さらば第一勧銀

財務サービス部の部長として東京の本店に戻ってきたものの、待っていたのは深い失望でした。

前身の国際財務サービス室の初代室長としてスタートした時のメンバーは10人だったのに、今や部下１５０人の組織に膨らんでいた。でも、以前のように思い切った新商品を開発しようなんていう気《き》概《がい》のある人間はひとりもいなくって。

みんなサラリーマン。いい子でね。7年前に僕らが作った商品を一生懸命売ることしか頭にない様子を見て、心底がっかりしました。

しかも、僕の役割は人事管理。クリエイティブなものなんて、まったくなくって。

もともと40代の半ばあたりから、そろそろ銀行を辞める時期が来ているなあ、とは思っていたんです。

だけど、なかなか踏ん切りがつかなかった。

僕自身、かぶっていたつもりの「仮面」がいつの間にか「肉面」化していた部分があったんでしょう。

個は、あくまでも個であるべきなのに、いつしか自分が所属している組織の価値観に染め上げられてしまう。銀行員として「上手に演じている」というよりも、「一生懸命に生きて」しまった。組織の考え方になじみ、高評価を受ける振る舞いを心がけていたのは否定できません。

行内にもいましたよ。「預金の係数が伸びたから、みんなで万歳しよう」とか言い出す人が。

でも、そんなのおかしい。

君にとって、預金の係数が伸びても嬉しくないだろ？　組織は喜んでるかもしれないけど、君にとっての喜びではないだろ？　君のお金が増えたわけじゃないんだからって。

これ以上、銀行に留まることに意味はあるのか。

それは、若き日の俺が望んだ生き方だろうか。

財務サービス部に呼び戻されて感じた落胆も、引き金になりました。

決めた。銀行を、辞めよう。

世はバブル経済も弾け、「失われた20年」に突入していました。


「なんとなく」「ここならいいか」と日本勧業銀行に入り、合併して第一勧業銀行と名前を変えた組織で通算26年。すでに49歳となっておりました。

イヤなこともたくさんあったし、大っ嫌いな上司もいたけれど、楽しく過ごさせていただいた。〝見るべきほどのことは見つ〟です。

今でも、心から感謝しています。

そして、いい時に辞めたと思っています。

若隠居《わかいんきょ》っていうのも、悪くないな。

これからは好きなことを、好きな人たちと、好きな時間だけやろう。

会社勤めにケリをつけた僕は、「人生の第3部」が始まる予感に胸を膨らませていました。

あれから30年近く。

図らずも、「人生の第3部」の次には「第4部」もあって、今に至ってるんですけどね。

終幕は、いつのことやら（笑）。

第三章
歌、そして恋

「二足のわらじ」なんて履いた覚えがない

第一勧銀を辞めた時、マスコミは揃ってこう書き立ててくれました。
「小椋佳、銀行を早期退職。今後は二足のわらじの片方を脱ぎ、歌手活動に専念」って。

確かに、いろいろお声がかかって、結果的にはたくさんのコンサートをさせていただくようにはなりましたが、僕自身はそんなつもり、全然なかったんです。若隠居になる気まんまんで、歌手活動に専念するなんて考えはサラサラなかった。だいたい、二足のわらじなんて履いた覚えもない（笑）。

銀行員の仕事と歌手活動は、別々のことを同時にしていたわけではなくて、同心円のもの。でも、世間ではふたつの分野を同時に持つように見えると、二足のわらじという型にはめたほうが、落ち着きがいいんでしょうね。
「この人は、こういう人」と決めちゃったほうが、居心地がいいというか……。

初めてのアルバムを「デビューアルバム」と表現されるのも、ちょっと抵抗があります。

デビューという言葉には、新人の歌手が歌のレッスンを必死で積んで、レコード会社の人と衣装やキャッチフレーズを相談して販売戦略を立てて、テレビ局やラジオ局なんかにも頭下げて顔を売って、ようやく叶うものというイメージがありませんか？

そういう意味では、僕、デビューなんてした記憶ありませんから（笑）。

高校生の頃から、自分が歌いたい歌を、日記を綴るように紡いできました。

歌創りの姿勢は、今もまったく変わっていません。

僕は、ヒットメーカーなんぞでもありません。

美空ひばりさんは稀有な声の持ち主

最近の歌手の歌い方を見ていると、少々癪《しゃく》に障《さわ》ります。

演歌でもなんでも、妙にビブラートを効かせすぎるっていうのかな。

僕の理論だと、たとえば〽あー、って声を伸ばすのだったら、ストレートに歌って、最後だけビブラートをかけるのが基本。なのに、今の多くの歌手は、最初っから〽あ〜〜〜〜〜〜〜、ってやってる。上手に歌っている雰囲気「だけ」醸《かも》し出してて、もう、生理的に気持ち悪い。

おまけに、いかにもくだらない歌が、次から次へと量産・再生産されてる。本当に不愉快です。いわゆる日本人の民度って、少しも上昇しないんですかね。

若い女の子が何十人も束《たば》になっただけの、歌とも言えないＣＤが１００万枚も売れるなんて。時代の機運なんでしょうけど、悲しいですよね。

もちろん、素敵な歌い手さんもいますよ。

まだ若いけれど、林部智史《はやしべさとし》さんはいい声してるし、うまい。

ラストアルバム『もういいかい』の2曲目『ラピスラズリの涙』は、愛する人に突然死なれた女性の歌で、彼とデュエットしたバージョンもあります。

「最近、夫を亡くしました。この歌を聴いて、涙が止まりませんでした」といったリスナーの方からの反応も頂戴しているようですね。

20年前の僕の声だったら、もっといい歌になったのになあ……。残念だけど、思うような声が出なくなりました。

それと、「こぶし」ね。

僕の場合は、子供の時分から、おやじの琵琶歌の影響を受けて、自然にできるようになりましたけど、絶妙にクルッと決められる歌い手さんは少ないです。

そういう意味では、やっぱり美空ひばりさんは凄かった。『愛燦燦《さんさん》』を始め、たくさんの曲を提供させていただきましたが、演歌でもジャズでも、とにかく何でもこなしました。しかも、「味」もある。

味を持っている人の声というのは、よく聴くと、1音発声しながら、同時に数音出している。僕の声もそうです。〽あー、の音だけじゃなくて、同じタイミングで半音とか数音離れた響きもある声。生まれつきの特殊能力でしょうね。

ひばりさんは、まさしくそのタイプ。あとは、吉幾三《よしいくぞう》さん、藤圭子《ふじけいこ》さんあたりもそういう声ですね。娘さんの宇多田《うただ》ヒカルさんは、ちょっと違う気がするなあ……。

海外だと、ペリー・コモやブルース・スプリングスティーンですね。

スプリングスティーンはロックのイメージが強いですが、カントリーがまた、いい味なんだ。

まあ、味っていうのは、努力してカバーできるものではないです。

たくさんの方が僕のところに来て「歌を創ってほしい」と頼まれますけど、なかなかいないですね、本物の味を持っている人は。

『シクラメンのかほり』の真実

前章でも少しお話しした、『シクラメンのかほり』。

ここまでお読みいただいた皆さんのなかには、タイトルの〝かほり〟とは、妻の佳穂里のことだと思われた方もおられるかもしれません。

現代の表記で言えば〝かおり〟。〝かほり〟と書くのは時代に即していません。そこをわざわざ〝かほり〟としたのは、愛する女性への想いを込めた歌なのではないか——と。

実は、この歌と家内は全然関係ありません。偶然、響きが同じになってしまっただけなんです。

なぜ、あえて〝かほり〟としたのか。

それは、僕自身が詞を書く時に心がけていることが影響しています。

できるだけ新しい言葉を創って、もっともっと、今までになかったような新しいイメージ世界を表現したい。そのためには、〝かおり〟ではダメだった。〝かほり〟でなくてはならなかったんです。

もともと、シクラメンは匂いのない花です。でも、匂い、つまり〝かおり〟はなくとも、「匂い立つ」ものはある。その匂い立つものを、〝かほり〟と表現し、男女が出会って、愛し合って、別れていく風景へと重ねたわけですね。

そんなふうにして生まれてきた『シクラメンのかほり』。

その後、何年かして、品種改良の末に本当に匂いのあるシクラメンが誕生したと聞き、ちょっと驚きました。

そうそう、あの歌がレコード大賞を獲った時、作詞家の阿《あ》久《く》悠《ゆう》さんが悔しがってましたね。

いや、「悔しい」というほどの表現には当たらないかもしれないけれど、「75年のレコ大は、僕の曲が獲るはずだったのに」とおっしゃってました。

沢田研二さんが歌って、こちらも大ヒットした『時の過ぎゆくままに』。阿久さんの作詞です。

てっきりこの曲でレコ大をもらえるとばかり思っていたら、年末近くになって『シクラメン～』にガーッて追い上げられて、そのままかっさらわれちゃった、って笑ってました。

もっとも阿久さんは、その前にもすでに尾崎紀世彦《おざききよひこ》さんの『また逢う日まで』で獲ってらしたし、翌年には都はるみさんの『北の宿から』、その次の年にはやっぱり沢田さんの『勝手にしやがれ』で再び栄冠を手にしておられましたから。

あの方ほどヒット曲を書かれた方はいないんじゃないでしょうか。

阿久さんとは、よく一緒にゴルフやったなあ。ご自宅にも遊びに行かせていただいて。とてもいい方でした。

やっぱり、ああいう言葉遊びが上手な方って、利発なんでしょうね。

NHKホールの初コンサートに11万通の応募

すでにお話ししたように、第一勧銀の行員であった僕は、当初、一切素性や顔を晒《さら》すことなく初めてのアルバムを出し、音楽活動をしておりました。週刊誌報道で身元が割れてしまい、重役会で詫びを入れる事態となって以降は、メディア露出やステージ出演など、人前に出る活動はすべてやめる代わりに、歌創りだけは続けさせてもらっていたんです。

もともと人前に出るのは得意ではありません。僕にとっては苦になるどころか渡りに船でした。

ところが、『シクラメンのかほり』の大ヒットによって、予想外の事態を呼ぶことになったのです。

『シクラメン〜』がレコ大を獲得した翌年、76年。

夏前ぐらいに、直属の上司から「ＮＨＫに出て、歌ってはどうか」という打診があったんです。

ビックリしましたね〜。だって、4年前に「小椋佳としては、人前に出ません」って約束してたんですよ、銀行とは。

なのに、なにゆえ……と思ったら、こう言われました。

曰《いわ》く、ＮＨＫから上層部に話があって、「もはや小椋佳が一切、表に出てこないというのは許される状況ではない」と。頑《かたく》なに出演拒否を貫《つらぬ》く姿勢に対して、各方面から「生意気だ」「不遜だ」との声が高まっている。1回でも出ればコトは収まるだろうから、どうだ、出てみないか——というわけです。

一説には、ＮＨＫから直接、頭取のところに話が来たとも。もちろん、僕にはそんな命令を聞くつもりはまったくなかったんだけど、まあ、いろんなプレッシャーも重なって、やむをえず提案を受け入れました。

民放各局は「なんでＮＨＫだけなんだ、ＮＨＫは第一勧銀と癒着《ゆちゃく》してるんじゃないか」ってカンカンだったそうです。

癒着はしてないと思うんですが（笑）。

提案を受け入れたはいいけれど、さあ、どうしたものかと弱りました。

なにしろコンサートなんて、大昔に井上陽水さんとふたりでやった新宿ルイードでのライブと、赤坂支店時代のお別れミニコンサートぐらい。それも、不渡りショックが重なって、2時間のところが1時間になっちゃったっていう（笑）。しかも、会場の渋谷・ＮＨＫホールは席数３３００の、当時の僕にとっては大箱。なのに、たった一晩のライブに11万通の応募があったっていうんだから。

　でも、仕方ない。決めたことだしね。

当時は本店の証券部受託課におり、多忙を極めるなかで曲を決め、バンドとリハーサルして……当日まで、凄く重たい気分でした。

「舞台は3日やったら、やめられない」を実感

1976年10月7日、木曜日。

コンサート当日の朝も、いつもと同じように出勤し、午前中だけ仕事をこなした後、早退してNHKホールに入りました。

会場は35倍近くの倍率からチケットを引き当てたお客さんで超満員。『俺たちの旅』などの曲を提供していた中村《なかむら》雅俊《まさとし》さんや由紀《ゆき》さおりさんの姿もありました。

もう、引き返すことはできません。

僕は覚悟を決めました。

最初の曲は、『しおさいの詩《うた》』。高校生の時に創って以来、15年近くたっていた歌ですが、歌い出しはオドオドでしたよ、ほんと。

それが、だんだん、だんだんだん気持ちよくなってくる。いえ、拍手を浴びたりす

るのが気持ちいいんじゃないんです。歌の途中で、「ああ、ちゃんと歌えているな」と思えてくる、その時に客席から波が来るんです。みんな、黙って聴いてくれているはずなのに、ウワーッって僕に押し寄せてくるんですよ、何かが。「念」とか「想い」とか「気」とか「祈り」とか呼ばれるものが、聴衆からふわーっと僕のところに来る感じ。絶妙な気持ちよさなんです。

アンコールの『さらば青春』は、音程が狂っていたはずなのに、波は最高潮に達していました。

ああ、これがよく言われる「舞台は3日やったら、やめられない」ということなのかと思い知らされましたね。

でも、「こんな気持ちいいことなら、どんどんこれからもやろう！」というふうにはならなかったですね。コンサートは大成功のうちに幕を閉じましたが、疲れた。疲れ切っちゃいました。もう二度とやりたくありませんでした。

翌日も、いつもと変わらずに出勤しましたよ。平日でしたし。

32歳、NHKホールで初コンサート。
普段かけないキザな色つき眼鏡をかけて
顔を隠そうと……（1976年10月）

クタクタだったけれど、お休みしようとは思わなかったですね。

コンサート後は、それまで通りの生活に戻りました。仕事がやりづらくなることも、特になかった。身近な人ほど、どうってことなかったです。

一度だけ、出勤しようとしてタクシーに乗ったら、密着取材と称して強引に乗り込んできた週刊誌の記者がいましたね。記者さんって、凄いことするなあって驚きました。

あ、そう言えば、そのちょっと後で、同じ第一勧銀から歌手デビューした行員がいたみたいですね。小椋佳に続けとばかりに。あんまり売れなかったんじゃないかな。

銀行員時代に開いたコンサートは、これ一度きりです。あとは、やっぱり断り切れなくて、民放の音楽番組に1回だけ出たかな。

レコード会社がつけてくれたマネージャーの仕事は、僕に来た出演オファーをすべて断ることでした。

コンサートの翌月に発売されたＮＨＫホールでのライブアルバム『遠ざかる風景』は、当時のお金で二十数億円稼いだって聞いてます。そんなに僕のところにお金が入ってきたかなあ……（笑）。まあ、いいや。

その頃の「小椋佳」は、お祭り騒ぎだったんですよね。

接待カラオケで歌ったのは

歌うことは何より好きだけれど、カラオケには自分からは行きません。

でも、銀行員時代は業務上、歌いましたよ。お付き合いでね。

いわゆるＭＯＦ《モフ》担《たん》、つまり対大蔵省（現・財務省）折衝《せっしょう》担当をやっていた時は、特に。

接待の席で先方にリクエストされたら、イヤだっていうわけにいきませんから。

証券企画課長の頃、ＭＯＦ担は2年半ほどやりました。

今では許されないですが、当時は毎晩、数十万円の現金を持たされて接待攻勢をかけていましたね。それも局長クラス、課長クラス、課長補佐クラスと別々に分けてやらないといけないから大変でした。

たいてい1次会は料亭。新人の頃に資生堂さんで経験させてもらったことが生きましたね。2次会は必ず銀座のクラブ。僕は女性が接待してくれるお店はあんまり得意じゃないんですが、そこはお仕事ですから。

で、先方から当然のようにおねだりされるわけですよ。「神田君、シクラメン歌ってよ」って。

だけど、よほどのことがない限り、『シクラメンのかほり』は勘弁《かんべん》してもらっていましたね。というか、この曲だけでなく、自分の歌はほぼ、すべて。

というのは、カラオケと自分の歌では、アレンジがちょっと違うんです。

イントロでこういう音が入って、こんなテンポで……という自分のイメージとはズレています。イメージ通りでないアレンジで自分の曲を歌うのはイヤなんですよね。

代わりに歌ったのが大川栄策《おおかわえいさく》さんの『さざんかの宿』、河島英五《かわしまえいご》さんの『酒と泪《なみだ》と男と女』、それと洋楽の『アンチェインド・メロディ』。その3曲で2年半、押し通しました。

3曲ともテイストはバラバラだけど、気に入ってたから。なかでも、大川さんの『さざんかの宿』は大好きです。

相手の方は喜んで下さったと思いますけど、そこはやっぱり、「小椋佳」の歌が聴きたいというのはあったかもしれませんね。

気持ちが乗った時には、持ち歌を歌うこともありましたよ。完全拒否ではなかったですね。

生み出した曲はみんな「可愛い子供」

人生で一番曲を創ったのは赤坂支店時代です。単純計算で1週間に2曲ほどでしょうか。

まだ20代、体力が有り余ってました。僕にとって歌創りは真剣な遊び。寝る間を惜しんで曲を創ってましたね。寝るなんてもったいなくて。

その頃は、歌を創ろうと思ったら、自然にどんどん出てきたんですよ。言葉もメロディーも一緒に浮かぶ。『シクラメン〜』なんかは、営業先のオランダ航空のオフィスに飾られていた鉢植えのシクラメンから想起した歌です。

実際に形にするのは帰宅してから。改めて机に向かって詩を書いていると、書きながら、それがメロディーになってくる。だいたい口ずさんで創っちゃう。ギターなんかの楽器は使いません。

そもそも僕、ギター弾けないんです。かつて、寺山修司さんの詩人サロンで即興の歌を披露していた時も、ほとんどギターは弾いてるフリでした。

知っているコードなんて3つぐらい。初期の頃の歌はすべて、スリーコードのなかで創った歌ばかりです。編曲するアレンジャーさんの腕で、いろんなコードをくっつけ、それらしい曲に仕上げてもらっていました。

近頃は1曲を創るのに3日ぐらいかかります。しんどいです。

ラストアルバム『もういいかい』も、やっぱりそれぐらい時間がかかったなあ。

昔は1日に何曲もできるのが当たり前だったんですけど、衰《おとろ》えたものです。

だけど、僕はやっぱり、いい歌を創りたい。ただ、それだけなんです。もともと商売にするつもりなど、全然なかった。

30歳ぐらいの時でしょうか。ある人気舞台役者さんの取り巻きから、曲の依頼がありました。

その役者さんは、舞台で立ち回りをする時に、着物の裾《すそ》が割れてふんどしがチラッと覗いたりすると色っぽいっていうんで、女の人がヒャーヒャー黄色い声を上げるような方。当時は大人気だったんですよね。

で、その取り巻きが僕に言うんですよ。

「中年の女性が泣いて喜ぶようなお歌をお願いします」って。

「ああ、そういう歌なら僕には創れません。他の方を当たって下さい」と即座に断りました。

第一、女性に失礼ですよ。ファンのことをバカにしてます。

僕は、僕自身が歌いたい曲、納得した曲しか創れません。

それでもよければどうぞ、というスタンスです。

これまでに創った楽曲は２０００を超えました。

みんな可愛い子供みたいなもの。そして、先方にお渡しした瞬間に、もうあちらのものになっているというか。育つかどうかは、お任せしておりますね。

美空ひばりさんの『愛燦燦』は、40人近くの方がカバーしているとか。

立派に育ってくれて、嬉しいです。

恋の歌は創れども

恋は、するものではなく「してしまう」もの。

そういうタイトルの歌も創りましたけど、ほんと、しゃあない。

できれば恋なんてしないほうがいいですよ、いろんな事故にも遭うし。なきゃ、ないほうがいいな（笑）。

とにかく、小学校から高校までの12年間、モテませんでしたからね。

その反動として、女性への憧れは凄くありました。

僕なんて、女の人から言い寄られることなんてありませんし。今でも、もちろん女性への憧れは強いですよ。

家内にもそうだったけれど、どちらかと言うと一目惚れタイプです。

小、中学生ぐらいまではポパイの彼女のオリーブみたいな女の子が好きでした。鉛筆の芯のような、スリムな子。でも、年を重ねるにつれて、あるべきところにはある、みたいな女性にも魅力を感じるようになりました。

なかでも素敵だなあと思っていたのは、女優の安西郷子《あんざいきょうこ》さん。同じく役者だった三橋達也《みはしたつや》さんの奥様で、僕より年上だけれど、彫りの深いお顔立ちの美しい方でした。

ずーっと憧れ続けていたんですけど、銀行を辞めた後、50歳ぐらいの時、偶然、丸の内のパレスホテルの地下の天ぷら屋でお会いできたんですよ。

カウンターに座っていたら、なんと隣に安西さんが来られてビックリしちゃった。もう、恥ずかしくて、お顔をなかなか見られなかった。本当はお話したかったのに。

安西さん、やっぱり素敵でした。

ああ、この人の隣に座る人生が、俺にはあったんだ——って、嬉しかったですね。

真に美しい女性とは

年を重ねた美しさって、確かにある。

僕自身がそれを感じたのは、だいぶ前になりますが、ある方のお招きで両国《りょうごく》の国技館に相撲《すもう》を観に行った時です。

桝席《ますせき》に座ったら、隣におひとりで見物しているご婦人がいた。

もう相当お年を召しておられたんだけど、綺麗な白髪をアップにして、着物姿でしゃんと背筋を伸ばしてね。

なんて上品で美しい方なんだろう……。

感激して、周囲に「あの方はどなた？」と聞いたら、当時、共立《きょうりつ》女子学園の理事長を務めておられた、鳩山薫《はとやまかおる》さん。有名な鳩山一族の女性でした。


前述した安西郷子さんもそうだけれど、女性の美しさに欠かせないのは、品と清潔感。もう、それが最高。

一時期、盛り場によくいたような、ガングロっていうんですか？　肌を真っ黒に焼いていたり、ヒジキみたいにまつ毛にごってりマスカラつけてたりするのは論外。蹴っ飛ばしたくなる（笑）。やめてくれって言いたい。

いわゆる肉体派女優なんていうのも、終始一貫して苦手ですね。ミニスカートを穿《は》いて、「私って美しいでしょ」っていうあからさまな露出や見せ方をする人も大っ嫌いだな。品も、清潔感の欠片《かけら》もない。

それとね、おしゃべりが激しい方もいただけない。

たとえば、テレビ通販なんかでまくしたてながら商品を売り込む女の人。

「今ならふたつで……５０００円ッ!!」みたいな。

あれ、ダメだな僕。ほんとにダメ。みーんな気持ち悪いよ。

特に、清潔感って難しいよね。

残念ながら、女代議士で好きになった人は、ひとりもいません。

恋は終わらせ方が難しい

老いらくの恋。

終わり方さえうまくできるなら、いいですよね。

恋を始めるのは、やさしいです。

入口は見つけやすくても、出るのに手こずる。

終わり方、終わらせ方は難しいです。


失恋はフラれて終わることが多いけど、相手に対する気持ちがさめていくのもまた、失恋だと思います。

寂しいものですよね。あんなに好きになったのに。

いっそフラれるほうが楽かもしれません。

僕も、ちょっとだけ覚えがあります。

ある女性にフラれるように仕向けて、結果的には「本当に」フラれました。

彼女とはそれほど深い付き合いをしていたわけではなかったんだけど、いつの間にか気になる存在になっていて。

それまで僕はずっと洋酒党だったんです。ビールか、ウィスキーか、カクテルか。でも、彼女が日本酒党だったから、すっかりそちらに鞍《くら》替《が》え（笑）。

彼女も、僕のことを嫌いではなかったはずです。

でも、ある日、はたと自分で自分に思って。

お前、何やってるんだって。

僕から彼女を解放してあげないと。

それから、なるべく自然な感じで、僕より若くていい男と引き合わせるように仕向けました。

なるべく自然な感じで、彼女が僕から離れていくように、と。

その企みは、うまくいきましたね。

しばらくしてから、酒場で差し飲みしている時に切り出されました。

「私、恋をしちゃった」って。

あ、来たと思いました。

ただし、その彼女が恋した男というのが、なんと所帯持ちの妻子ある人間だというのです。僕の落胆のひどさ。

雪がしんしんと降る夜でね。

帰り道、ひとりで積もった雪を踏みしめながら、泣きました。

俺は一体、何をしてたんだよって。

人には「選んで恋をしなさい」と言うけれど、自分はどうなのかと問われると……。

やっぱり、恋ってしちゃうものなんだな、きっと。

怪文書38通で離婚騒動に

とはいえ、家内を一筋に愛していたことに変わりはありません。

離婚危機と呼べるのは、30年以上前の〝事件〟だけです。

40歳を過ぎた頃。

『小椋佳の実態』と称する怪文書38通が、新聞や雑誌などのメディアに次々と送り付けられ、時を同じくして、写真週刊誌が僕を狙っているという情報も飛び込んできました。

一番下の弟が怪文書のコピーを入手したところ、

《小椋佳には、○○に×子という愛人が――》

といった女性関係の暴露。いや、決定的な暴露というよりは、事実があるような、ないようなほのめかし方だったかな。

ただし、身に覚えがないわけではなく、根も葉もないわけではなかった……というか、大いにあった（笑）。とうとうやられたかと思いましたね。もう、ドキドキもんですよ。

当時、まだ銀行勤めだったこともありますが、真っ先に心に浮かんだのは家内。

やっぱり彼女に誠実じゃないといけない。

だから、観念しました。

思い切って過去のあれこれを家内に全部告白して、謝《あやま》ったんです。

もちろん、すべて終わったことだったけれど、これが見事に大失敗。

家内、激怒しましたね……。

「裏切られた！　許せない!!」と。

すべて打ち明けたことを、今でもとても後悔しています。やるべきじゃなかった。

悪いのは、全部僕です。

最初はじっと耐えていたんですが、だんだんこちらも我慢できなくなって。

俺、全部話したんだから、もういいじゃないか。

過去のことは詫びて、「もうしません」って誓ったんだから、許してくれたっていいじゃないか。

告白から数日たったある時、ついに堪忍袋《かんにんぶくろ》の緒《お》が切れました。

「そんなにしつこいんなら、もういいよ。別れよう」

「……ちょっと考えさせて」

「どうぞ。考えていいよ。別れたいんなら別れるよ」

そんな会話があったと思います。

でも、結局、離婚しなかった。

次の日、家内が僕のところに来て、こう言ったんです。

「私、絶対あなたと別れませんから」って。

なにそれ？　よくわかんないなって思ったけど、そのまんま、今まで一緒にいます。

昔は「恋人ができないような男はダメ」なんて言ってたのになあ。

結婚すると、女の人って強くなりますね。


やがて、ついにその日が来ました。

「写真週刊誌××××です。愛人の×子さんについてお聞きしたいんですが」

と切り出す記者に、動揺を必死で押し隠しながら、

「何の根拠があって、そんなことをおっしゃるんですか？」

と尋ねたら、

「証拠写真を持ってます」

と不敵に笑うではないですか。

恐る恐る、差し出された〝証拠写真〟を見ました。

そしたらなんのことはない、僕と家内が家から出てくる写真（笑）。

もう、嘘も嘘、大嘘。くだらないでしょう。写真誌がカマをかけたのか、あるいはまったくの勘違いだったのか、今となってはよくわからないけどね。

こんなことなら、家内に洗いざらい告白するんじゃなかった……。

怪文書の差出人に目星はついています。

おそらく、舞台関係者。

証拠が摑《つか》み切れなかったため、法的措置などは取りませんでした。

当時は、僕のプロデュース・僕の持ち出しでミュージカルをやっていた時期。

その人は、小椋佳という存在が妬《ねた》ましかったんでしょうね。

「愛してる」なんて曖昧《あいまい》だ

いろいろあったけれど、今年で結婚53年。

家内には言ったことがあるかな？　「愛してる」って。

でも、「愛してる」って、僕は凄く曖昧な言葉だと思っています。

そもそも、「本当の愛」がどういうものかよくわからないし、昨今、あまりにも安っぽく使われすぎている。

セックスすることも「メイク・ラブ」っていうでしょ？　どんなおざなりなセックスであろうと（笑）。

歌なんかにも「愛してる」って言葉がゾロゾロ出てくる。

僕はなかなか使えないし、言えない。

「愛してる」って何なんだろう？　と考えてしまう。

よく、日本の男性は照れがあるから「愛してる」と口に出せないと言われますが、それとは違う次元の話です。

難しいですよね。

教会で結婚式を挙げると、新郎新婦が「一生、愛します」と誓い合うけれど、そんなことできるわけない。

愛を誓うなんて、絶対できないですよ。

愛ってそんなもんじゃない。誓えるものではありません。

残念ながら、人の心はそんなに固められるものじゃない。

あんなに愛してると思ってたのに、今はもう全然会いたくもない人、いっぱいいませんか？


雪の日にフラれた彼女ですら、そうでした。

あれから3年後に、偶然再会したんです。

まだまだ女盛りだったはずなのに、全然ときめきを覚えなかった。何の魅力も感じませんでした。

なんでこの人に心を動かされたんだろうって、本当に寂しくなりました。

なぜ、俺はこんなに変わっちゃったんだろう――と。

あちらも同じ思いだったかもしれないけれど。


恋は、終わるからこそ素敵なもの。

そんな考え方もあります。

でも、それも終わり方の善し悪しによるんじゃないかなあ。

綺麗に終わることができれば、あとあと美しい思い出になりますから。

その時はつらくても、ね。

女の人は凄い

母親が商売で多忙だったせいか、地元・上野や疎開先の千葉でたくさんの女の人から貰《もら》い乳して育った僕です。生まれた時から、女性の親切に甘えて生きてきたようなもの（笑）。

全然モテなかったけれど、知り合いや友達も含めて、女性には恵まれてきました。中学時代、荒れた教室で教師の代わりに授業をさせられた僕を、不良どもから体を張って守ってくれた女の子たちのことは今でも忘れられません。

みんな僕を救ってくれたなあ。

高校時代から銀行入行3年目ぐらいまで、時折、聴覚過敏の突発的な発作に悩まされていました。図書館で勉強している時など、不意に、普通レベルの物音が凄《すさ》まじい騒音となって耳に轟々《ごうごう》と響きわたるのです。

僕は死を覚悟しました。きっと、長くは生きられないだろうと。

そして、ますます哲学へと傾倒していきました。

たとえば、目の前にある灰皿は丸に見えるけれど、本当に丸だろうか。

人間の目の組織が丸く見せているだけじゃないか。

実は丸ではなくて、別の形なのではないか。

そんなふうに、何でも疑うことが身に付いてしまいました。

ところが、大学生の頃でしょうか。

当時は恋人だった家内に、ぽろりと漏らしたことがあるんです。

「横断歩道で右足から出すべきか、左足から出すべきかわからなくなっちゃって、俺、苦しんだんだよ」って。

そうしたら、「ああ、それってよくある。わかるわかる」って言うんですよ。

全然わかってないのに（笑）。

でも、何か、ふわりと包み込まれるような気持ちになりました。

女の人って、とにかく受け入れちゃう。

それが、最大の美点だと思います。

言葉にすると、母性ってことになるのかな。

おふくろは強烈なキャラクターだったけれど、ある意味では絶対的な味方でした。

きっと、僕が殺人者になっても、かばう人だったのではないでしょうか。

あるいは変な正義感を持っていたから、逆に僕を出刃包丁で刺し殺したかもしれない。

どちらかでしょうね。

若い頃の日記に、こんなことが書いてありました。
《女の人は凄い。男が3年かかってようやく思い至ることを、わずか3秒で感知する》
すべての女の人に、脱帽します。

第四章
生きる

星しかない空

月日は百代《はくたい》の過客《かかく》にして、行きかう年もまた旅人なり。

松尾《まつお》芭蕉《ばしょう》が『おくのほそ道』で残した言葉だけれど、僕自身もそういう実感はあります。

人生は、旅そのものです。

心の旅については、おいおい触れることにして。

肉体的な移動を伴う、いわゆる「旅」というのも、歌を創っていたおかげで本当にたくさん行かせてもらいました。

国内はコンサートツアーでほぼ全都道府県回っていますし、海外も、たぶんオーストラリアとアフリカ以外は、全大陸に渡っているはず。

なかでも思い出深いのは、銀行員時代に訪れたバーミアンです。

NHKから、『アニメーション紀行　マルコ・ポーロの冒険』の音楽を担当するにあたり、シルクロードを実際に旅しながら劇中曲を創ってほしいとの依頼があり、なんとか10日間の休暇を捻出《ねんしゅつ》して出かけました。もっとも、夏休みの宿題を初日にすべて終えるタイプの僕のこと。旅を謳歌《おうか》すべく、出発前にすでに20曲、こっそり完成させていたのですが……。

同行者はカメラマンだけ。あとは運転手。

車は中央アジア・アフガニスタンのヒンズークシュ山麓《さんろく》の砂漠地帯をひた走っていました。

日中の砂漠は40℃超。あまりに暑く、僕はランニング姿で後部座席で伸びていました。

3時間ほど走っていたでしょうか。ガターンッという不穏な音がして車は急停止。なんと、砂漠のど真ん中で、エンジンが故障してしまったのです。

必死で運転手が修理を試《こころ》みるも、まったくダメ。

そのまま2時間、3時間……。日もみるみる傾き、昼間の酷暑が嘘のように砂漠は急激に冷え込んでいきます。このまま凍死しても不思議はないでしょう。

恐怖におののきながら、一方で、こうも思いました。

死は、こんなふうにしてひょっこり訪れるんだ、と。

幸いなことに、たまたま遠くに遊牧民の一群が通りかかり、僕たちは間一髪《かんいっぱつ》、命拾い。ようやくバーミアンの丘の上のホテルに到着した時には疲労困憊《こんぱい》、すぐに部屋で眠り込んでしまいました。

夜中になぜか目が覚めて、外に出た僕は驚愕しました。

夜なのに、外が明るい。

見上げると、夜空の黒い部分がまったくない。

きらめく星で、ぎっしり埋め尽くされているんです。

星しかない空なんて、人生で初めて見ました。

米軍撤退で再び混迷に陥っているアフガニスタン。すでに破壊されてしまったバーミアンの巨大石仏や、あの時の満天、億天の星を思い出すにつけ、悲しくなります。

銀行を退職後、母校である東大に入り直し、改めて法学の勉強を始めるというタイミングで行ったギリシャの旅も嬉しかったです。

若い日、東大の卒業式で、学長の訓話に「太った豚より、痩せたソクラテスになれ」なんて言葉がありましたけど、アテネの美術館に飾られていたソクラテスの彫像は、とてつもないデブでした（笑）。

旅はいつも、「当たり前」ではないことに目を開かせてくれます。

57歳でまさかの胃がん手術

シルクロードの砂漠で遭難しかけた折、ふと胸に浮かんだ「死は、ひょっこり訪れる」という思い。

再び実感したのは57歳の時です。

それは、新たな心の旅の始まりでもありました。

病院が大の苦手な僕は、49歳で退職して以来8年間、一度も健康診断を受けていませんでした。

浜松支店時代に血糖値４００超だった糖尿病も、治療せずに放置。お酒はもちろん、カツ丼やステーキなど肉類も大好きで、健《けん》啖《たん》家《か》の部類だったと思います。

潮目《しおめ》が変わったのは２００１年の5月。

国立病院で総長を務めるお医者さんが僕のところに見えて、新設される看護大学校の校歌創りをオファーされたのを機に親しくなりましてね。

「五十何年も生きてらっしゃれば、きっと体に何か起きていますよ。一度、ウチの人間ドックに遊びに来ませんか」と誘って下さったんです。

病院嫌いなはずなのに、その時はなぜか素直にお受けしました。ちょうど全国コンサートツアーの真っ最中だったんですが、なんとか2泊3日を空けられて、最後の沖縄公演の前に人間ドックに入ったんです。

ところが2日間にわたった公演終了直後、家内から電話がありました。

「あなた、明日の朝一番の飛行機でお帰り下さい」と。

なんで朝一番の便なのかよくわからないから理由を聞いたら、ようやく「再検査です」とは言ったけれど、それ以上は何も話さなかった。

家内は隠してたんですね。僕が、がんだということを。

言われた通りに朝一番の便で羽田に到着し、病院に直行しました。

病室に入ると、いろんな診療科の医師が入れ替わり立ち替わり、ひっきりなしにやってくる。へえー、ずいぶん手厚いもてなしだなと感心してたら、そのうち一番若く見える医者が持っていたバインダーに「入院事由　胃がん」って書いてあるのが見えちゃった。

自然に告知されたようなものです。

特段の驚きはありませんでした。

50歳ぐらいから、もういつ死んでもおかしくないと腹をくくっていた僕です。

57歳は、まあ、早いけれど、おふくろが59歳で糖尿病で亡くなったこともあるし、いよいよかと覚悟しましたね。

ただ、がんは意外でした。

漠然と、おふくろと同じ糖尿病で逝く気がしていましたから。

まさに死は、ひょっこり訪れたのです。

数日でやめた抗がん剤

入院から1週間後、8時間の手術を受けました。

胃の4分の3、そして「念のために」転移しやすい周囲のリンパ節、胆嚢《たんのう》、副《ふく》腎《じん》ひとつも併せて切除。

早期胃がんとの診断でしたが、こんなに念入りに手術をして、果たして本当に早期だったのか？　4分の3どころか、もっと取ったのではないか？

今でも少し疑っています。

術後は痛いのももちろんだけれど、体に管《くだ》が7本も入って身動きできなかったほうが苦痛でした。

25日後には無事に退院できたんですが、再発予防に抗がん剤を飲み始めると、これがまた苦しい。気持ち悪いなんてもんじゃないんです。

主治医に訴えたら、「無理に飲まなくてもいいでしょう」ということになり、結局2〜3日でやめました。

その後は、特に治療はやっていません。2ヶ月に一度ほど胃カメラの検査を受けたり、大腸を診てもらってはいましたが、胃に関しては幸い寛解《かんかい》です。

迷走神経も切除した影響からか、胃としての機能はまったく失われ、あんなに楽しみだった食事も、生きるための重労働になりました。

もはや一般の人の5分の1しか食べられません。それも肉ダメ、魚ダメ、ご飯ダメ、油ダメ。お寿司屋さんに行って、お寿司も食べられないなんて……。

野菜とホタテなどの貝類、ゆでて柔らかくなった麺類なんかをほんの少し、小分けにして口にしても、すぐに胃が重くて痛くなる。83キロだった体重は20キロ以上落ちました。今も56キロほどです。

でも、体重が急減したおかげで血糖値は正常に戻りました。

あれからちょうど20年。

僕は、がんのおかげで長生きすることになったのです。体力も、筋力も、食の楽しみも失って。

皮肉なものですね。

愛する妻と別居へ

実は今、ひとり暮らしです。

家内とは20年間、別居しています。

がんの手術を受けたのが２００１年の5月。

その年の10月に、住み慣れた我が家を出た時、彼女は泣きました。

「なぜなの？　なんで私、57にもなって、あなたに捨てられなきゃいけないの？」と。


佳穂里に不満があったわけではありません。

まして、他に好きな女性ができたわけでは、もちろんありません。

彼女は昔も今も、ずっと、僕にとっては唯一無二の特別な女性です。

では、なぜ家を出たのかと思われるでしょうね。

術後も家内はよく尽くしてくれました。

ほんの少しでも食べると吐いてしまう僕を気遣い、限られた食材に工夫を重ねて、一生懸命食事を作ってくれた。でも、焦れば焦るほど食べられない。努力しようにも、どうにもならない。

つらかったです。

退院後もスケジュールは埋まっておりました。

自宅でゆっくり静養することもなく、すぐに仕事を再開。元の声量や音域に戻るまでに半年ほどかかったでしょうか。

体力も落ち、歌うこともままならないなかで、イヤというほど思い知らされました。

俺はこれまで、なんと甘えていたんだろうと。

母方の祖母に〝絶対、一生食うに困らない人相をしてる〟と言われたことになんとなく寄りかかって、ずっと俺は食うには困らないだろうと高《たか》をくくっていました。

実際、これまではその通りの恵まれた人生を歩んできましたから。

実家では食事の仕度《したく》、掃除、洗濯に至るまで、すべておふくろがやってくれた。24歳で結婚してからは、家内の世話になりっぱなし。結局、人間の暮らしの底の部分である衣食住に、みずから関わってはこなかったし、関わろうともしなかった。

だけど、大病を患《わずら》ったことで、そんな自分に疑問が湧いてきたんです。

銀行を退職後、母校の東大に再入学して哲学を学び直したりもしたけれど、人間の素朴な、地に足がついた暮らし――土を耕《たがや》し、食べ物を育て、収穫して生きる――そんな確かな営《いとな》みに無縁のまんま、人生の大半を過ごしてきてしまった。

なんだか俺、首から上の部分だけで生きてるみたいじゃないか。

このままでは、ただの頭でっかちだ。

「自分で」買い物し、食事を作り、毎日の暮らしを立てなくてはダメになってしまう。

当然、不安はありました。

大病後だし、家内のところにいたほうが楽だったけれど、それでもあえて。

あえて居心地のいい佳穂里との家を、出て行くことにしたんです。

彼女を残していくことに、迷いがなかったわけではありません。

でも、離婚ではなく、別居というスタイルに意味があったんです。

少なくとも、当時の僕には。

お互いにひとりになれる時間と場所を確保して、もう一度、生き直してみたかった。

やがて結婚34年目を迎える直前の、秋のことでした。

別居で得た素晴らしい「収穫」

　初めてのひとり暮らしは、思ったよりも楽しかった。

　生協の宅配を取って、大根《だいこん》と人参《にんじん》の煮物に挑戦したりね。煮物って案外簡単なんです。刻んで調味料なんかと煮れば、なんとなくそれらしい感じで仕上がる。一時はレシピ帳も書いてましたよ。

　でもそのうち、買ってきたほうが早いって気が付いちゃって、結局デパ地下通ったり（笑）。あんまり身に付かなかったな。

　掃除なんかも、それほど苦にならないほうだというのも発見でした。

　生まれて初めて、地に足をつけて生活できた実感に大満足できたし、何より、家内との関係が凄くよくなったんです。

　別居当初は、少々ギクシャクした空気が流れていましたが、だんだんほどよい距離感が生まれてきました。

家族同然だった2匹の犬の存在も、僕たち夫婦が新たなステージへと進む上で、大きな役割を果たしてくれたと思います。

離れて生活するようになった頃は、シェットランド・シープドッグの永遠《とわ》が、僕に代わっていつも佳穂里の傍にいてくれました。彼女の寂しさを一身に受け止め、心に開いた穴をそっと埋めてくれた永遠でしたが、残念ながら別居4年目に天国へ旅立ってしまって……。佳穂里がペットロスに陥ったのも無理はありませんでした。

それから1年近くたった、ある日のこと。

永遠を失った喪失感に沈んでいた彼女は偶然、町のペットショップで売れ残っていた白柴《しろしば》の仔犬に出会いました。

生後半年たっても飼い主に恵まれず、成犬サイズに近づきつつある体を窮屈なケージに押し込められ、悲しい目をしていたそうです。

後に佳穂里は、こう打ち明けてくれました。

「初めて目が合った瞬間、〝この仔は絶対に私が飼わなきゃ〟と思ったの」

仔犬は沙羅《さら》と名付けられ、彼女の暮らす家へと迎え入れられました。

沙羅はとても可愛い犬でした。

週末にしか帰らない僕のことも、姿を認めるなり駆け寄ってきて、嬉しそうに僕の周りをクルクル回ってね。

佳穂里も、「結局、この家で誰が一番偉いのか、わかるのかしら」って笑ってましたね。

そんなところから、少しずつ夫婦の会話が取り戻せたりしたものです。

まさに「犬はかすがい」でした。

僕と佳穂里がゆっくりと、再び築き上げた新たな関係を見届けるように、今年の2月、沙羅は静かに15年の天寿をまっとうしました。

今は永遠とともに、空から僕たち夫婦を見守ってくれています。

6年ほど前から、佳穂里は僕の1日の食事——2食分の小さなお弁当を作って、出勤途中の次男に託して届けてくれるようになりました。

だから、僕は毎日毎食、彼女の手料理を食べているわけです。

そうやって、つながっている感じかな。

ありがたいです。


今は金曜日の夕方から月曜日の昼ぐらいまで佳穂里の待つ自宅で過ごし、それ以外の日はひとりで暮らすという生活サイクルです。

金曜日、家内のもとに帰ると、やっぱりホッとしますよね。

楽しみは
春の桜と秋の月
夫婦ふたりの三度の食事

夕食を共にする時、なんとなく呟いてしまう言葉です。

何もない凪《なぎ》の状態も、穏やかでいいものかもしれません。

でも、嵐があったからこそわかる花の美しさ、月の麗《うるわ》しさもありますよね。

家内も、「今のほうがいい」と言っています。

「毎日一緒にいると、あなたは必ずまたどこかに出て行っちゃう。週に3日ぐらい一緒に過ごすのが一番いいわ」って。

確かに、そうかもしれないな。

別居は僕たち夫婦にとって、予想外の大収穫でした。

好きと嫌いはどうしようもない

あんなに惚れ合って所帯を持ったはずなのに、10年、20年、30年……夫婦をやっていると、やっぱり、この人のどこが好きだったんだろうって思う方もいるでしょうね。

前章でも触れたけれど、好きな人に飽きがきた時は、本当に切ない。フラれることだけが失恋じゃなくて、自分の恋がさめることもまた、失恋。僕自身はむしろ、後者のほうが本当の失恋のような気がしています。

よく、家庭内離婚という言葉を聞きますよね。

女の人の立場になると、わかるよなあ。人生を振り返った時に、「私、こんなツマラナイ男に尽くして、一生が終わっちゃうんだ」みたいな……。男の僕が言うのもナンだけど（笑）。

特に最近増えている、熟年離婚。

もう夫にまったく愛なんか感じない。でも、生活に不安もあって別れる勇気もない。さりとて、このままではモヤモヤする。どうしたらいいんでしょうか？

そんな相談を受けたら、僕なら「別れなさい」って言うだろうね。

つらいのがイヤなら、何があろうと離婚する。

一方、やっぱり別れたら経済的に不安だし、こんな男でも一緒にいたほうが、「自分の」生活は成り立つ。別れたら成り立たないと思ったら、我慢。好きと嫌いは、どうしようもありません。

結局、自分がどうしたいのか。どうなりたいのか。要は選択の問題です。人間、あきらめは必要ですよ。

僕は競馬のおかげで身に付いたけどね（笑）。

なにも、すべてをあきらめるわけではなくて、「自分のために」何をあきらめないかを、はっきりさせればいいのではないでしょうか。

僕の場合、決して家内が嫌いになって別居に踏み切ったわけではないけれど、お互いに「結局、この人が一番大切な人だ」というのを確認できた点では、効率がよかったです。

一足飛びに離婚に向かうのではなく、まずは少し距離を置いてみる。別居は経済的に難しくとも、せめて、ひとりになれる空間を持てるといいですよね。

ウクライナで若いカップルが24時間手錠をつけたまま4ヶ月ほど暮らした挙げ句、破局したというニュースがあったけれど、バカな実験だね（笑）。どんなに熱烈なふたりでも、そりゃあ飽きますよ。絶対イヤになる。

もちろん、飽きるほど長く一緒にいた夫婦の佇《たたず》まいも、それはそれで素敵ですよね。

毎週見ているお気に入りのドキュメンタリー番組『小さな村の物語 イタリア』（BS日テレ）には、タイトル通り、イタリアの片田舎で静かに暮らす年老いた夫婦が登場するんですが、だいたいつつましい農家なんです。

日の出とともに起き、山羊《やぎ》の乳を搾《しぼ》ってチーズを作ったり、畑でトマトを育てたり。ささやかな楽しみは、妻が心を込めて打った夕食のパスタと地元産のワイン。判で押したような日常です。

そんなふたりにもドラマがあってね。

出会いがあって、夫婦になって、ずっと暮らして――片っぽはもう死んじゃった。そんな凡々《ぼんぼん》たる暮らしがクローズアップされるんです。

憧れるってことでもないんだけれど、老いた夫婦ふたりから〝匂い立つもの〟が、なんかいいなって感じがします。

競馬であきらめのいい人間に

先ほど、「僕は競馬のおかげであきらめることが身に付いた」とお話ししましたが、本当にその通りで。

もともと、明るくあきらめることができない人間でした。

少年の頃、プロ野球のピッチャーや総理大臣になる夢に破れた時も、女の子にモテなかった時も。大きな挫折として、長年、心に深々と突き刺さったままだったんです。

そういう意味では、競馬はほぼ、どのレースも挫折の連続。

50年競馬をやってますし、馬主歴も40年ですが、お金捨ててるだけですね（笑）。凄まじくお金がかかります。

中央競馬だと、1頭につき、毎月70万円は出て行くでしょうか。

一時は5、6頭持っていましたが、ほんと、毎月ウン百万円かかりましたね。

40年馬主をやって、稼いでくれたのは、ただ1頭だけ。それ以外はダメでした、全部。


こればっかりは、ただの無駄遣いですよ。

にもかかわらず、僕にとって、競馬は精神安定剤そのものなんです。


今、ネット投票ができるでしょ？

やろうと思うと毎日できるんですよね。テレビでも中継しているし、パソコンの前にずっと座ったままで。

ＪＲＡはもちろん、南関東競馬、帯広《おびひろ》のばんえい競馬など、全国に何十ヶ所もあるローカルでも勝負。もはやルーティンワークですね。

レースの前に、馬がパドックを歩いているのを見て、解説者が、馬体《ばたい》が充実だの毛ヅヤがどうだのと訳知り顔で言うけれど、嘘ばっかり。絶対わからないって（笑）。馬の気持ちなんかわかるわけない。

結局、やらないのが一番儲《もう》かるんですけどね。でも、それ以上に得るものが競馬にはあるんです。

それは、「世界は自分のために回っているわけではない」ということを、思い知らせてくれること。

競馬をやると、間違いなくあきらめのいい人間になれます。

あきらめると、不思議と気持ちが落ち着いてくるんです。

競馬は安らぎの場。当たらなくても、そんなにがっかりしない。

またか、みたいなもんですよ（笑）。

余談ですが、僕にとっては、ゴルフも99％がっかりするためにやるスポーツです。

日常の当たり前が一番素晴らしい

冒頭でもお話ししたように、2014年9月、古希を迎えた僕は「生前葬コンサート」を盛大に行いました。

4日間にわたる歌う葬式は、ありがたいことに連日大入り。

客席には、僕より先に生前葬を済ませたようなご年配の方が多くて、ちょっと驚きました。

2日目、3日目とだんだん体がきつくなっていきます。2年前、公演で歌い切った後、劇症肝炎で救急搬送されたことが頭をよぎりました。「もし何かあれば、あらかじめご了承下さい」などと冗談まじりで舞台からお断りを入れたり（笑）。

幸い、無事に最後の曲『サヨナラ』まで歌い切ることができました。生前葬の舞台の上で本当にあの世に逝く……なんてことにならなくて、よかったです。

いや、もしかしたらいっそ、そのほうが、「小椋佳としての人生は、文字通り

古希70歳を迎え、NHKホールを4日間
貸し切って「生前葬コンサート」を
開催し、100曲を熱唱（2014年9月）

万感の思いを抱きつつ完結」となったのかもしれませんが。

僕はまだ、死なずにいます。


生前葬を終えた僕は、あと2、3日ほど生きられる最低限のものだけを残し、服から本に至るまで断捨離。死に装束気分で白い作務衣をまとい、はたと思いました。

お迎えが来る日までの生活の指針は、どんなものにしようか。

そこで浮かんだのが、

シンプル〜代わり映えのない暮らしでよし
スロー〜ゆっくりでよし
ステディ〜一歩一歩、しっかり歩こう
スマート〜頭を使って賢く生きよう

それぞれの英語の頭文字を取って、「4つのS」です。

年を取ると、速く動けません。体がもう、言うことをきかなくなってしまうから。いろんなことに手を出しても疲れるばかりです。

そんな自分を、まずは受け入れる。

そして、シンプルに、毎日同じことをやる。

スロー＝ゆっくりと、ステディ＝確実に。

できれば長年蓄《たくわ》えてきた知恵を生かして、スマートに。

意外と難しいのは「スロー」かもしれません。

逆に焦ってせっかちになってしまう方も見受けられるけれど、それではますます苦しくなるばかりです。

シャキシャキ動くことはあきらめて、ゆっくりとしか動けない自分を受容する。

知恵という財産を上手に使って、代わり映えのしない暮らしを、確実に生きる。

「日常の当たり前」がどれほど素晴らしく、ありがたいことか。

皆さん、コロナ禍で、なんとなくわかってきたんじゃないでしょうか。

「体にいいこと」より、好きなこと優先

ああ、今日も生きてた。

目覚めるたびに思います。

もう、人生いつ終わってもおかしくないですから。


昔から典型的な夜型です。

今も明け方近く、午前3時を過ぎてから入眠剤を2錠飲み、やっと就寝。朝9時ぐらいに起きるというパターンです。

眠い目をこすりつつ、ほとんど買い置きのないガラガラの冷蔵庫を開けてコカ・コーラのペットボトルを取り出し、まずはゆっくり目覚めの一杯。

だいたい1・5リットルサイズを、1日1本は飲んでいるでしょうか。

26歳で留学した時から、ずっと。なくなると不安だから、8本入りケースを買

いだめしています。

ペプシもいいけど、やっぱりコカ・コーラ。それも、ライトとかじゃなくて、昔からある定番品。僕、コカ・コーラから表彰されてもいいと思いますよ（笑）。

そして、電動マッサージ椅子に座って肩や背中を揉みほぐされながら、コーラを片手に、タバコをぷかり。ガタガタ体が揺れるうちに、だんだんと眠気が覚めてくるという塩梅《あんばい》です。

もう十分生きました。

体にいいことは、ひとつもやっていません。

健康よりも、好きなことを優先しています。

ボロボロの体だけれど、少なくとも今は、当たり前の日常を、当たり前に生きられている。

それで、いいんじゃないでしょうか。

「生」もまた苦しい

生《しょう》老《ろう》病《びょう》死《し》。
お釈迦さまが説いた、４つの苦しみです。
生きること、老いること、病むこと、死ぬこと。
若い頃は、なぜ「生きること」が苦しみなんだろうと不思議でした。
生きることは喜びであって、苦しみではないはず。
老と病と死は苦しみだと理解できるけれども、どうして「生」が入っているのか。

最近、実感としてわかりました。
生っていうのも、苦しい。
生きること自体が苦しいことです、本当に。

お釈迦さまは、よくそんなことが若いうちから見通せたものです。

僕自身、今、生きること自体がつらいです。

近頃、脚の静脈瘤《じようみやくりゆう》に悩まされてね。次で手術も3回目。カテーテルを入れて血管を膨らませるんですが、術後は縛られて身動きもできない。コロナ禍で家内の付き添いも難しい。地獄ですよ。お医者さんからは「放っておいたら、壊疽《えそ》になって両足切断です」と脅されてるから、仕方なく受けることにしてますが。

薬の量も、いくらなんでも多すぎ。血流を改善するという触れ込みの錠剤が飲んでも飲んでも減らないから、あとどれぐらい残っているか数えてみたんです。そうしたら、5粒入りの袋がいくつあったと思います？　383個ですよ！　なのに、病院へ行くたびに、先生は「お薬、出しておきましょうか」って聞く。

1年間、毎日飲んでも、まだ余っちゃうでしょ？　一体どういうことなんだよ(笑)。

今、最高に欲しいのは筋肉ですね。まったくなくなっちゃった。生きる屍《しかばね》も同然です。

先週、ゴルフをやったんですが、両足が思うように動かない。１００メートルも歩けないんですよね。それでも死に物狂いでプレーした帰りの車中で突然、両足が30分もつっちゃって。

「ちょっと車停めて！」

慌てて外に出て、強烈に痛いのを我慢しながら20分ぐらい、ひたすら突っ立って痛みが去るのを待ち続けました。

土砂降りの雨に打たれながら。

生の苦しさを実感させられている今、こんなことも思います。

もしかしたら、人間の４つの苦しみ「生老病死」に「死」が入っているのは、少々違うのではないか、と。

死は、生きているうちに体験できません。

死の直前は苦しむかもしれないけれど、死そのものが苦しいかどうかは、わからない。身をもって死を体験した人は、この世にいないんです。

だから、死そのものは、苦ではない。

「死神、いつでもおいで」ってなもんです。


僕にとっては、タバコを吸えないのも大いなる苦しみのひとつです。

劇症肝炎で入院した時も、病室でこっそり紫煙《しえん》をくゆらせたのがバレて怒られちゃった。

看護師さんに、「もう出てって下さい」って（笑）。

なんでバレたんだろ？

悩みは「待つ」ことで解決

なんだっけなあ……。

よく呟いてしまう、独り言です。

俺、何か大事なことを忘れていないか？

これから、何をするんだっけ？

今、大事なことは何だったかな？

ラストアルバムのタイトル曲でもある『もういいかい』でも歌っていますが、子供の頃にかくれんぼうの鬼ばかりやらされて、日が暮れても見つけ切れずに、ずーっと鬼のままだった心境にも重なるというか……。

多分、探しているのは、真実。

僕の人生、真実探しの人生なんですよ。

井上陽水さんは、うまい言い方しましたね。

探すのをやめた時、見つかることもよくある。彼はうまいよ。

僕自身、探し物はずっと、一生探し続けるタイプ。というか、その気性なんでしょうね。

別に、探したいから探しているわけじゃないんだけど、「探せ」という命令が、いつも内側から出てくる。

それが、創作の源です。

「なんだっけなあ……」という独り言ともつながっているんでしょうが、僕はしょっちゅう、不安に取り憑《つ》かれます。

芥川龍之介《あくたがわりゅうのすけ》と同じ、いわれなき不安ですよ。

なぜ不安なのか、わからない不安。

特にキッカケもなく、ふと、クーッと襲ってくる。

このままおかしくなっちゃうんじゃないか。

ああ、ダメだ佳穂里、助けてくれ!!

誰もいない部屋でひとり、家内の名前を叫び続けることがあります。

悩みは誰に相談しても、決して解決しません。

苦しくてたまらない時は、どうするか。

もう、何もしない。何も考えない。それしかありません。

言葉にすると、無念無想ということになるんでしょうが、無念無想って難しい。何も考えない状態になることなど、ほぼ不可能です。

でも、「何も考えないようにしよう」と心に決めてジーッとしていると、時間がたつにつれて、今大事なことが自然にポコッと浮かんでくるんですよね。ありがたいことに。

時間の流れに任せることで、本当に今の自分が興味を持っていることが湧いてくる。そうすると、そのことをちょっと考えてみようという気になる。「なんだっけなあ……」という独り言の答えが見つかったりします。

20代の頃、色紙にこう書いていました。

待つということは、本当は素晴らしいことなんです。
それは、何かが始まろうとしていることなんです。

昔より待てるようになった今、確かにその通りだったと改めて思います。

老年こそ、しゃべりましょう

最近、若い人たちの言葉遣いが、あまりにも狭くなってる。

語彙《ごい》も、みるみる貧弱になっていませんか？

たとえば、〝いいこと〟を全部「クール」とか「ヤバい」とか「カワイイ」とか、その一言で済ませてしまう。

そんなんじゃなかったはずですよ、日本語は。もっと豊かなものだったはず。

下の世代は、あまりにも言葉を知らなすぎます。

言葉を知らないということは、それだけ騙されやすいということ。

人生の諸先輩や僕と同年代の皆さんに、声を大にして言いたいですね。

「若い人たちのためにも、老年こそ、もっとしゃべりましょう」と。

もっともっと、言葉をたくさん使って下さい。若い子たちの前で、もっともっとしゃべり倒して下さい。豊かな日本語のシャワーを浴びせるように。

このままだと、日本は本当に危ないです。

人間はマネから入る生き物です。親や周囲を見てマネて、言葉を覚えていく。マネの段階が終わったら、学びの段階に入ります。でも、僕の見る限り、今の日本人は残念ながら、言葉をきちんと学び終えるというプロセスが欠けているんじゃないでしょうか。だからまあ、本が売れない、新聞が売れない……。

考えるためには言葉が不可欠なのに、その言葉が身に付いていないから、考えること自体がちゃんとできない。

当の言葉にしたって、ただ学ぶだけでは足りません。

言葉を学んだら、今度は、自分の言葉を創っていく段階にステップアップしなきゃいけない。

自分の言葉を創ることは、他でもない自分の人生を生きることでもあるんです。

「振る舞い」というのは、動作を示す「振り」と、自分独自の動作を示す「舞う」が合わさってできた言葉です。

たとえば「人の振り見て我が振り直せ」というフレーズは、振り、つまり人の動作を見て、自分の動作を直しましょうね、という意味。マネするだけなら「振り」です。

問題は、「舞い」。誰かのマネを超えて、自分ならではの動作にまで到達しているのか。ちゃんと「振る舞えて」いるのか。

言葉の意味を正しく理解して、「自分のもの」として使いこなしているのか。

今の日本では、一国の首相でさえも「舞い」までいってるように見えませんね。

失政の責任をどう取るのかと記者から迫られても、「国民の安全を守り、粛々《しゅくしゅく》と職務をまっとうする」などと定型コメントを繰り返すばかり。

言質《げんち》を取られないように狡猾《こうかつ》にはぐらかしているというより、質問の意図すら理解しているのか怪しい。

暗い気持ちになります。

自分を自分たらしめているのは、言葉です。

言葉を獲得するためには、マネから入らないといけない。

でも、マネする対象が少なければ、マネできることも少なくなります。

言葉の危機的状況に立たされている若い人のためにも、老年たちはどんどんしゃべるべきです。

マネさせる対象を、たくさん提供してあげようではありませんか！

欲望は小《こ》半《なから》＝4分の1がちょうどいい

競馬にタバコにコーラ、それに、歌。

今はもう、好きなことしかやっていないですね。

とにかく欲がなくなっちゃった。

食欲、性欲、権力欲、健康欲――もう、僕には何にもありません。


「人間の幸せとは何か」という問いがあります。

いろんな議論があるんでしょうが、僕が思うに、幸せとは「欲望の充足」です。

だけど、人の欲望は多種多様。

美味《おい》しいものを食べて、洒落《しゃれ》た服を着て、綺麗な女性と付き合って、会社では出世して、病気もせずに長生きしたい……なんていう世の欲望すべてを満たすのが幸せだとしたら、それは無理。永遠に幸せになんて、なれっこないですよね。

では、どうすれば、幸せになれるのか。

僕には他人様《ひとさま》にアドバイスできるほどの自信はないけれど、こんな言葉をお伝えしたいと思います。

「小さい」「半分」と書いて、小半。

読みは「こなから」、４分の１という意味です。

どんな欲も、４分の１ぐらい。ほどほどに満たす暮らしが賢明な生き方ではないでしょうか。

年を取れば取るほど、欲が膨らむ人もいます。

死ぬのが怖い。

死なないで生きていくためには、お金が欲しい。

気持ちはわからないでもありません。生存欲求は、誰にもあるものです。

でも、そこをあえてちょっと抑えて、小半で。

生存欲求も金欲も、膨らめば膨らむほど、幸福感からかけ離れていくような気がします。


ちょうど、今の僕と家内との関係が、まさに「小半」です。

ほどほどの距離を保ちながら、お互いを大切に思っている。

とても幸せです。

現状不満症が運を引き寄せた

欲にまみれ、膨らんだ欲の奴隷《どれい》になるのは、幸せから最も遠ざかること。

とはいえ、「まったく欲がない」という状態も、それはそれで問題だと思うんですよね。今の僕のように。

いやんなっちゃうなあ。俺の欲望、一体どこに行っちゃったんだろう？

確かに、欲がなくなると、ある意味楽です。

でも、「さて、何をしようか」と考える時に、まず最初にするのは、自分の欲探しですよね。

欲がなければ、何がしたいかも探しようがない。

生きることは、欲探しでもあるのでしょう。

年を取れば取るほど、欲探しをしたほうが楽しく生きられるのかもしれないですよね。だから、老人ホームで三角関係になったり、大恋愛に発展するのも、大変結構なことじゃないでしょうか（笑）。

もう僕には欲はないけれど、若い頃から患っている〝病気〟はまだ治っていないみたいでね。

名付けて「慢性現状不満症」。

一曲できると一瞬、満足感を味わうんですが、すぐに「こんなもんじゃない」っていう気持ちが湧いてくる。何かを達成したその瞬間にも、「こんなの、俺、満足できない」というように。

ラストアルバム『もういいかい』の1曲目『開幕の歌』のレコーディングでもそうでした。

当初はメロディだけ別の方にお願いしていたんですが、音運びがどうしても気に入らなかったんです。僕からすると不自然で、歌いにくくて。

創ってくれた方には申し訳ないけれど、気持ちが乗らないとイヤですから。これが最後のレコーディングだと思ったら、やっぱり納得して終わりたかった。

結局、その日は録音を中断。持ち帰って、自分で創り直しました。1日ほどで。

後で考えたら、これが僕の不治の病である慢性現状不満症（笑）。

常に現状に満足しきれない男なんです。

挫折の連続で絶望から始まった僕の人生だけれど、一生懸命やったら、運がついてきました。

もしかしたら、持病である現状不満症があったからこそ、ここまで来られたのかもしれません。

この持病が、運を引き寄せてくれたんじゃないかって。

家内にも、よくそう言われます。

「夢を持ちなさい」なんて僭越だ

役者や歌手なんかがよく、舞台の上から、

「私たちの商売は、皆さんに夢を売る仕事です」

とか言うじゃないですか。

あれ、頭に来るんですよ。

嘘つけって。絶対、夢なんか売ってない（笑）。

それから、世間で正しいことのように掲げられている「夢を持ちましょう」という言葉。

あれも、無責任な話だなと思います。

この夏の東京五輪でも、選手がよくこんなことをインタビューで話してましたよね。

「オリンピックで優勝することを夢に、小学生の時から頑張ってきました」とか。

そりゃあ、優勝する可能性がある人はいいですけどね。

どこを見たってそんな可能性がない人だって、世の中にはごまんといるじゃないですか。

「夢と目標は、どう違うんですか？」って聞きたいですよね。

「夢」は、何かひとつのことに人生の欲望を絞っていく感じがします。

オリンピックで優勝する夢が叶うのは、確率論から言えば何万分の1。いや、何十万か何千万分の1でしょう。

当然、ほとんどの人が夢破れます。

「夢を持つ」とはそういうことです。

そんな選択、果たしていいんだろうか。

どうしても僕にはそう思えてしまうんです。

己を鼓舞《こぶ》するためにみずから発破《はっぱ》をかけたり、さらなる努力を促《うなが》すべく、自分に対して「夢を持とう」というのならわかるんだけれど、人に対して「夢を持ちなさい」なんて言うのは、僭越な話。

なんか、夢を持たない＝向上心のないダメ人間だって、押しつけられているような気すらします。危ないですよ。

やはり、実現可能性は重要です。根拠のある展望というのかな。そんな「目標」だったら、まだマシでしょうけど。

本当の意味で言葉に責任を持つのならば、「夢」は安易に乱発するものではないと、僕は思います。

つながりすぎるのも息苦しい

どちらかと言うと、群れることが苦手です。
もっとハッキリ言うと、嫌い。
「絆《きずな》」も大事なんでしょうけど、つながりすぎると息苦しい。
縛られている感じがしてダメですね。
ひとりになれる時間や空間は、どうしても必要です。
東京は、人が多すぎるなあ。

孤独であり、「個」であることは、僕の考え方の根っこですね。
人間は誰しも、基本的に孤独だと思います。
「基本的に」と言えば、僕は憲法に出てくる「基本的人権」についての考え方が、
あまり好きにはなれません。

もちろん、差別は絶対ダメだし、思想や表現の自由なんかも尊重されるべきです。

でも、本当に人権は「生まれながら」にあるものでしょうか。

僕は、生まれながらにあるものではないと思っています。

基本的に備わっているものではない、と。

基本的人権は、人間同士が生きていく上で、「そういうことにしようよ」と話し合って決めたこと。

話し合うためには、言葉が必要です。

だからこそ、言葉を絶対にないがしろにしてはいけない。

言葉をないがしろにするのは、貴重なコミュニケーションの道具を失うことであり、思考を失うこと。

思考を失うことは、すなわち「個」――あなたが、あなた自身であることを失うのと同じなのです。

臆病たること恥じることはない

小さい頃から必要以上の臆病者でした。何事も前もってやっちゃう。宿題は、真っ先に片付ける。図画工作の授業で、3週間、2時間の授業3コマ分で予定されていた椅子作りを、最初の2時間で完成させたりね。銀行員時代、メリルリンチの研修生として渡米した時も、1年間のレポートを3ヶ月で仕上げて、あとはレコーディングに当てました。

間に合わなかったらと思うと、怖いんです。

で、先を見越して、早すぎるぐらいに先回りして手を打っておく。もう、性分ですよね（笑）。

だけど、臆病であるということは、アンテナを高く張ることでもある。

アンテナを高く張れば、リスクを予見できます。

リスクに対して早めに動けば、思わぬピンチも回避できます。

世の中には、「楽観主義者こそが正しい」みたいな言い方をする人もいるけれど、目論《もくろ》み通りにうまく事が運ばなかった時にも、果たして楽観できるものなんでしょうか？　正直、疑問です。

僕は、自分のなかの臆病風を大切にしながら生きてきました。

臆病は、決して恥じ入ることではありません。

むしろ、取るべき姿勢の基本だと信じています。

恐れや不安に対して抜かりない準備で迎え撃ち、悔いなく生きる。

本物の勇気や逞《たくま》しさは、そんな心構えにこそ宿るものではないでしょうか。

何も期待しない者こそ祝福される

かつて、米国のカントリーサイドを旅した時。
田舎の雑貨屋の片隅《かたすみ》に売られていた木製の絵札に、こんなことが書かれていました。
blessed are those who expect nothing for they shall not be disappointed
《何も期待しない者こそ祝福される。なぜなら、彼らには失望がないから》
非常に後ろ向きな言葉だけれど、僕にはこれがひとつの真実を突いているように思えるんですよね。
人間って、ほら、期待したってしょうがないことまで、期待したりするでしょ？　そういう過度の期待ほど、往々にして裏切られますよね。

そんなことでガッカリするより、もともと期待なんてしないほうがいい。

どうにもネガティブな言葉だけれどけっこう気に入って、この絵札を買い求めました。

しばらくウチのトイレの、座ると正面に見える場所に飾ってありましたね。

いつの間にかなくしちゃったんですが、いまだに自分のなかで大切な言葉のひとつになっています。

ところで、この言葉。

どうも、元は新訳聖書のパロディーだったようです。

いわゆる『山上の垂訓《すいくん》』と呼ばれているもので、「心の貧しい人々は、幸いである、天の国はその人たちのものである」などと続く、あれです。

名作『赤毛のアン』にも、このパロディー格言は登場しています。

ヒロインのアンは言います。

仮に期待通りに実現しなくても、ワクワクしながら待つ喜びを奪うことは、誰にもできないはずよ、と。

そういう考え方も、また素敵ですよね。

第五章
人生の総仕上げ

年寄りじみず、若ぶらず

好きな季節は、秋です。

若葉萌《も》え、花開く頃よりも、葉が色づいて舞い散る季節のほうが僕の情感に合っている気がします。

あまり前向きな考え方ではないかもしれないけれど。

今、自分の人生を季節にたとえたら、冬に近いでしょう。

いわゆるアンチエイジングのたぐいも、僕は一切やりません。

昨今、何かっていうと、テレビで若さを売るおじいちゃん、おばあちゃんがいますよね。

これみよがしにランニング姿で踊ったりしながら、

「○○を飲んでいるおかげで、ほら、こーんなに元気でお肌もツヤツヤ！　あんなことも、こんなこともできちゃいます!!」って。

まあ結局、薬や健康食品の宣伝なんだけど。

ああいうの、僕、大っ嫌い。嘘ばっかりって思います。

だって、同世代ですよ。

自分の衰え方から考えると、何を飲んでいようが、あんな元気なはずないでしょ？（笑）

いつまでも若くありたい人は、そうあればいいんだと思います。

いくつになっても、なりたい自分になればいい。

でも、今さら若ぶったって、ねえ。


もう、十分長く生きました。

老いの身を自然な流れで受け入れるほうが、僕には合ってるな。

年寄りじみず、若ぶらず。

枯れゆく山河の景色もまた、味わい深いことでしょう。

さあ、これからの人生、どんな足跡が残せるでしょうか。

いつか還《かえ》っていく、僕の山河に。

権力者なんぞしゃらくせえ

最初のほうでも少し触れましたが、僕のことを「温厚な元銀行員にして、叙情的なシンガー・ソングライター」と思っておられる方が、世間にはけっこういらっしゃるようですね。

いわゆる、「いい人」にカテゴライズされるような……。

でも、決してそんなことはありません。

これまで読んでいただいた通り、僕は臆病で、後ろ向きで、好き嫌いが激しい。

イヤなものは、絶対イヤ。

慢性現状不満症。

少なくとも、物わかりの「いい人」ではありません。

僕は生涯、一町人だと思っています。

江戸文化で言うところの、町人。武士じゃない。

自分の一生を考えても、別に大したことをやってきたわけでもなし。

権力者たちにはいつも、「しゃらくせえ」って思いがあります。

60歳の時だったでしょうか。

ある日、文化庁から連絡が来てね。

「今年度の紫綬褒章《しじゅほうしょう》に、あなたが選ばれました」と言うんです。

僕、即座にお断りしました。

そんな褒められ方、されたくないですから。

文化庁のお役人は、まさか断られるとは思ってもみなかったんでしょう。もう、泡食ってね。

お国がシンガー・ソングライターごときに初めて勲章をあげるって言ってるのに、なんで小椋佳は拒否するんだっていうんで、大騒ぎになったんです。

でも、何を言われようと、もらうつもりはまったくなかった。

銀行員時代の見苦しい光景がよみがえってね。

頭取までやった方ってね。最後、勲章欲しさにいろいろな工作をするんですよ。

また、頭取をヨイショする取り巻き連中がみっともないんだな。

頭取の任期の終わりが近づくと、文部省、今の文部科学省に様々な働きかけをするんですよ。なんとか頭取に勲章を贈ってもらえるように。もちろん、自分の出世のためにね。

バッカだなあと思ってましたね、当時から。

勲章をもらうと、なんかいいことあるかって？

嬉しいだけでしょうね。

賞金や年金といったキャッシュは何も出ないしね。

要は名誉だけ。

メダルや賞状を頂戴し、天皇陛下にお会いできる。

これで自分の人生が大成功したみたいに思えるんでしょうね。

ありがたがって、上の人たちは、そういうものを欲しがりましたよ、みんな。

勲章なんかもらわなくったって、自分の仕事人生が充実していればそれでよしだと普通は思うはずだけど。

銀行に長年いると、それがまた違うんですよね。

辞めるのはもっと早くてもよかったと、改めて思います。

家内が僕のことを認めているのは、紫綬褒章を断ったのも大きいです。

「あなたは、若い頃から言ってきた通りに決断した」と。

イエスマンが払う怖い代償

組織で生きるためにかぶっていたはずの仮面が、いつの間にか「肉面」化して取れなくなっていく。

頭取に勲章を取らせようと奔走する取り巻き連中は、その典型でしょう。

第二章で触れたように、僕自身にもその傾向はあったと思います。

組織の価値観にどっぷり浸かり、個としての自分を失う前に銀行を辞めましたが。

もうとっくに退職しているのに、いまだに往年の肉面を貼り付かせたままで生きている人なんて、珍しくないですよね。

テレビの討論会を見ていても、たとえば、電力やガス会社に勤めていた人は原発大賛成。みんな自分が所属している、あるいは過去に所属していた組織の価値観でしゃべってますよ。

肉面化した仮面を剝ぎ取って本来の自分に戻るには、やっぱり常に個であろうという意識を持たないと無理です。

そうは言っても、組織のなかで個を貫くのは、難しいこともありますよね。いっそ、イエスマンになったほうが楽な局面もある。

でも、イエスマンになるのって、すごく危険です。「イエス」と言っておけば、その先の「なぜなら」という理由を考えなくてもいい。相手に同調すれば、それで済みますから。

常に上司に対して「イエス」と言っているうちに、何事に対しても「イエス」しか言えない価値観が、知らないうちに自分のなかで根付いてしまう。自分自身がどう感じて、どう思っているのか、まったくわからなくなってしまう。

どう生きていったらよいのかすらも。

僕は怖いことだと思います。

あえて「ノー」。私はそうは思わないと唱えることで、「なぜならば」という理由を考えることができる。

個であろうとするとは、そういうことではないでしょうか。

でも、組織もそうだけれど、人付き合い全般、正面切って「ノー」と言うのは勇気がいりますよね。

僕はサラリーマン時代、上司と意見が違ったりした時は、必ず相手の手柄になるように動いていました。

逆らうだけなら、蹴っ飛ばされるのがオチ。

だったら表向きは穏やかに、「おっしゃる通り、ごもっとも」と従いながら、その実、自分のやり方を押し通す。結果を出したら手柄顔などせず、上司に花を持たせるように段取りしておく。

そうなると、上司は上機嫌ですよ。仕事の進め方が違っていたことなど不問に付して、目をかけてくれるようになる。

これは、僕が体得したサラリーマンの知恵だけれど、人間関係すべてに当てはまるかもしれません。

自分が正しいとばかりに正面からぶつかるより、相手が喜ぶように動いて、結果的に自分のやりたいことを通すほうが、いろんな意味で効率がいい気がします。

先ほど「イエスマンになるのは危険」なんて話しておいてナンですが、物事には例外も付きもの。

最近、僕は家内の言いなりです。

日頃のスケジュールや行動も、マネージメントをしている長男が全部決めています。

やっぱり、記憶力とか体力とか、自信がなくなってきました。息子のほうが、僕の判断よりも信頼できますから。

家内や長男に委《ゆだ》ねる今の状態に、不満はありません。

老いては妻子に従え、です。

ええ、もういいんですよ。
そのほうが楽だし（笑）。

先週、遺言を書いた

小学校から憧れていた女性と結婚できました。
優しい息子たちや可愛い孫に恵まれ、経済的にも何不自由ありません。
体力が衰えてもうしんどいけれど、ほどほどにはお仕事もある。
客観的に言うと、僕、とっても幸せだと思うんですよ。

先週の土曜日。
家族を集めて、遺言書をしたためました。
家内や子供たちに残せるものも、一応、自分としてはできたと思います。

ところが、遺言書を書き終えて、すべて整えたつもりでも、なんというか……充足感がないんですよね。

こんなに満たされてるのに、何かが足りない。遺言まで書いたのに、いまだに慢性現状不満症が治らない。

やっぱり僕、損な性格だと思います。

今回のラストアルバムの表題歌でもある『もういいかい』は、今の心境に重なる曲です。

ずーっと鬼のまま、真実探しの人生をしてきて、見つけ切れずに鬼のままで77歳になりました。

歌創りはもう、やり尽くした。疲れた。これでいい。そう思って『もういいかい』というタイトルにしたんです。

だけど人間、やっぱり明日もなんとなく生き延びそうな気がするじゃないですか。

「もういいだろ。終わりにしたいよ」なんて言いながらも、人からは「まだがんばれよ」って言ってほしい気持ちもある。

「終わりにしたい」のは嘘じゃない。

でも、今、すぐにじゃない。

今、終わりにしたいわけじゃないんです。

本当に聞きたいのは「もういいよ」ではなくて、「まあだだよ」の一声ではないでしょうか。

この曲では、孫と共演しました。

最後のほうで、僕が「もういいかい」って歌うと、すかさず孫が、

「まあだだよ」

って返す。

4歳の彼にとってはタイミングが難しかったみたいで、何度も録り直しました。

孫は、僕のことを「佳じい」と呼びます。

これが、最初で最後の共演でしょう。

やっぱり、「まあだだよ」は、孫に言われるのがめっぽう効きますね。

なぜ生きるのか？

生きることは、むなしく苦しく意味もなく、孤独で寂しいもの。

僕の底止まりの感覚として、ずっとあります。

「死んでしまうのがわかっているのに、なぜ生きていかなきゃならないのか」

そう問われたら、一種の諦観《ていかん》かもしれませんが、こう答えますね。

「生きていかなきゃいけないとも、思わないな」って。

世の中は
食うて糞《はこ》して寝て起きて
さてその後は死ぬるばかりぞ

有名な一休《いっきゅう》和尚《おしょう》が詠《よ》んだ歌です。

生きるとはそれだけのことさ、という思いは、僕のなかにも常にあります。

あるがままに。

自然《じねん》のままに。

ビートルズの『レット・イット・ビー』にも通じますよね。


今は吸う場所を探すだけでも一苦労ですけど、僕は人生でタバコに助けられてきたことがたびたびあります。

考えに考えて、苦しくなった時。

追い詰められて一服フーッとふかすと、立ち上った煙で白い靄《もや》がかかる。

けれどそれもほんの一瞬、たちどころにかき消える。

人生って、タバコの煙みたいなもんだなって、ちょっと救われたんです。

ほんと、それだけのこと。

タバコの煙のくゆりのなかに、「お前は人間には答えようのないことを問うているヨ」という言葉が見えたのです。

朝起きた時、「今日も俺、生きるのか」と思うことが多いですね。

まーだ、生きてたのかって（笑）。

目が覚めるのが不思議でしょうがない。

別に目が覚めたくて覚めるわけじゃないのに、体がそういうふうになっている。

人間の体って、なんだか知らないけれど、本体としては生きようとしてますからね。

心臓は絶え間なく鼓動《こどう》を刻んでるし、細胞のひとつひとつも今、まさに呼吸を繰り返している。全身で生きようとしている。

健康にいいことなどひとつもしてなくても、死ぬのを待つばかりでも。

もしも、明日も生き延びていたならば。

生きようと歌う命の声を裏切らずに、生きていきましょう。
生きている以上は。

あなたが美しいのは

家庭は妻に任せっきりで、銀行員として国内外を忙しく飛び回っていた1987年7月のことです。

いつものように本店で仕事に打ち込んでいた僕に、家内から衝撃的な第一報がもたらされました。

次男の宏司が学校で倒れた。今すぐ病院に来て下さい、と。

とにかく駆けつけましたが、病室のベッドに横たわる我が子を見て、愕然《がくぜん》としました。ぴくりとも動かない。名前を呼んでも、まったく反応がない。すでに意識はありませんでした。

医師から告げられた病名は、若年性脳梗塞《じゃくねんせいのうこうそく》。もう、手の施《ほどこ》しようがない、と。

特に、言語や名前・数字などの記憶を司《つかさど》る左脳が大きなダメージを受けており、このままいくと一生手足も動かせず、話すこともできない植物状態になる率が高いというのです。

宏司はまだ中学2年生、14歳ですよ。

ショックなんてもんじゃありませんでした。

なぜもっと、向き合ってこなかったんだろう。

僕は深い後悔に沈みながら、その日からできるだけ病室の次男に付き添いました。

物言わぬ次男の傍《そば》で、ひたすら座っていることしかできない時間は、容赦《ようしゃ》なく過ぎていきます。

ただ焦りと絶望だけが募《つの》っていました。

気付けば、彼の耳元で歌を口ずさんでいました。

『あなたが美しいのは』——2ヶ月前に開幕したミュージカルで、子供たちと一緒に歌った曲です。

その稽古場《けいこば》に、宏司を連れていったことがありました。

あの時は、まさかこんなことになるとは——。

どうか、戻ってきてほしい。どうか、どうか。

こちらの世界に戻ってこい、宏司！

僕は歌い続けました。ずっと、何度も。

すると、どうでしょう。なんと、宏司の唇がかすかに動いて、僕の歌声と重なったではありませんか！

奇跡です。奇跡が起こったのです。

驚きと喜びに不意打ちされ、僕の頬《ほお》を涙がとめどなく伝っていきました。

本当に、音楽をやっていてよかった。本当に。

人間の生きようとする力は偉大

その日を境に、次男は少しずつ脳と体の機能を取り戻していきました。

まるで赤ん坊がハイハイから立ち上がって、「ママ」とか「まんま」とか少しずつ言葉を獲得していくのと同じプロセス。命が実を得ていく様を目の当たりにして……これはもう、言い表せないぐらいの感動でしたね。

そして、3ヶ月後には退院してリハビリセンターへ。医師は「こんなことはありえない。なんで回復したのか、まったくわからない」と首をひねってました。

今では琵琶作りの職人をしています。素晴らしい伴侶《はんりょ》にも恵まれました。

なぜ、次男が医師も驚くような回復ぶりを見せたのか、はっきりした理由はいまだにわかりません。

ただ、ひとつの可能性として考えられるのは、どうも、ダメージを受けた左脳の代わりに、右脳がその役割を果たし出したのではないかということ。

右脳はイメージや感覚を司るところ。音楽なんかは右脳の領域です。

対して、歌詞は言語に関わるから左脳の領域。ですが、同時にイメージを喚起《かんき》するという意味では、右脳にも関わりがあります。

もしかしたら、『あなたが美しいのは』の歌詞は、メロディーと一緒に次男の右脳にも刻み込まれていたのかもしれません。

音楽の力は大きい。

そして、人間の生きる力、生きようとする力は、もっと大きいのです。

潸潸《さんさん》と降る雨の日も、散散《さんざん》と吹く風の日も

生まれも育ちも東京・上野。

土いじりとはほぼ無縁で生きてきましたが、近頃、屋上にプランターを置いて家庭菜園を始めました。

自分でもちょっと意外だったけれど、なんか、やってみたくなっちゃってね。

最初は何をどうすればいいのか、わからないことだらけだったけれど、そのうちだんだんおもしろくなってきました。

水はけをよくするために、プランターの底に石を敷き詰める。

赤玉土《あかだまつち》や腐葉土《ふようど》、肥料をスコップで混ぜて土をつくる。

そして、そっと指でくぼませ、種を蒔《ま》いて土をかぶせる。

大事に大事に育ててあげる。

そうやって、土と戯《たわむ》れているうちに、ふっと気が付いたんです。

野菜も生き物だということに。

潸潸と降る雨の日も、散散と吹く風の日も、ただ見守る。

芽が出てくると、可愛いですよ。

都会の片隅のプランターで根を張り、どんなに荒れた天気も恨まず、健気《けなげ》に耐えて実を結ぶ野菜たちを見ているだけで心が和《なご》みます。

この夏はカボチャと小玉スイカと……そうそう、キュウリ！　キュウリにも挑戦しました。葉っぱがもう、ワサワサ生えて。カボチャの蔓《つる》も伸びて伸びて、屋上は一時、凄いことになってね。

こんなに勢いがいいと、どうしていいのかわからなくなっちゃうほど。でも、生命力を目の当たりにするのは嬉しい。悪くないね。


週末、家内の待つ家にお土産に持って帰って、料理してもらったりします。夏に獲れたキュウリは、さっぱりしたサラダにしてもらったかな。今はジャガイモとかタマネギとかね。

まさに、産地直送。味も鮮度もなかなかですよ。

家内、おもしろがりますよね。

「あなたがこんなことやるなんて、思ってもみなかったわ」って。

でも、一番思ってもみなかったのは、他ならぬ僕かもしれません。

僕のささやかな、大切な屋上農園。

来年の春は、どんな種を蒔くとしましょうか。

七十六の手習いでピアノ弾き語りに挑戦

家内と、生まれたばかりの長男を日本に残して米国留学していた26歳の頃のことです。

今と違って、メールなどネットでつながる手段はありません。

国際電話は高かったから、便箋《びんせん》の裏表にびっしり想いを綴った手紙を、よく家内に送ってましたね。

夜中にちょっと寂しくなると、バーに繰り出したりする。当時は心だけじゃなくて、懐も少々寂しくて、安いジンフィズぐらいしか飲めませんでした。

ともあれ飲みながら、ふと横を見ると、ピアノがあった。

そこで、黒人男性が弾き語りを始めたんです。

知らない歌なんだけれど、これがまた、うまいんですよね。すごくいいんですよ。

僕もあんなふうにピアノをポロンと弾きながら歌えたらいいなあ……ってずっと思っていて。

それで、去年の秋からピアノを習い始めたんです。

週に一度、電子ピアノで1時間の個人レッスン。

四十の手習いならぬ、七十六の手習いですね。

やってみて、よくわかりました。

僕、楽器の才能ないです。

だって数ヶ月レッスンを受けて、やーっと1曲弾き語りができるようになるレベルなんですよ。

息子たちには「勉強しろ!」ってガミガミ言ってたのに、自分は練習しないからね（笑）。ほんとにだらしない。

でも、懲りずにレッスンは続けています。

まずは『ラピスラズリの涙』の弾き語りをどうにかマスターしたい。

実は、ちょっと企んでいることがあるんです。

人生最後の仕事は「貸しスタジオ建設」

銀行退職後、ありがたいことに全国の皆さんからお声がけいただき、50歳ぐらいからステージ活動をさせてもらっておりました。

ここ四半世紀は、僕、ずっと舞台で稼がせていただいたんですね。

それも、今度のファイナル・コンサート・ツアーで本当に終幕。

ここまでやってこられたのは、会場に足を運んで下さったファンの方々、そして何より、僕を陰に日向に支えてくれた舞台関係者の皆さんのおかげです。

何か、僕なりに皆さんへのご恩返しができないだろうか。

そうだ！

稽古場兼スタジオを造ってはどうだろう？

ささやかな規模かもしれないけれど、舞台のリハーサルやレコーディング用におトクな料金で貸し出してあげれば、皆さんのお役に立てるかもしれない。

すぐに息子にプランを話し、土地探しに動き出したのです。

ただの夢ではなく、「実現可能な限界の夢」を果たすために。

かつてミュージカルをやっていた時、頭を痛めたのは稽古場の確保でした。

レンタル代がとにかく高額だったし、手頃な賃料で施設が充実しているところは競争率も高く、他の劇団と取り合いになることもしばしば。悩みの種でした。

良心的な値段で使い勝手のいい稽古場は、確実に需要があります。

コロナ禍ではコンサートや演劇が、感染拡大防止や「不要不急」の大号令のもとで次々と中止に追い込まれましたが、僕は生の音を欲する人たちは絶対、いなくならないと思っています。

　ネットでも様々楽しめるけれど、生の芝居も、コンサートも、きっとなくならない。稽古場はどうしても必要です。それも、できるだけリーズナブルなものが。

　あともうひとつ。ステージでバックを務めてくれている僕の演奏陣——ギター、バイオリン、お琴《こと》、三味線《しゃみせん》の皆さんね。スタジオがあれば、その人たちが年を取った時、お弟子さんにレッスンができる場所にもなるかもしれない。そこから新しい才能が飛び出す可能性もあるでしょう。

　たとえば、音楽好きな方に『あなたのレコード、ＣＤを創りませんか』なんていうご提案もできるかも。アレンジやバックの演奏もこちらでご用意してあげてね。

　１００席ぐらいのミニホールも併設予定なんです。

　そこで、『小椋佳の四季報』と題した小さなコンサートをやろうかなって。春夏秋冬、ワンシーズンに1回だけの歌の会をやって、そこで僕、ピアノの弾き語りを披露したいんです。

老いぼれての歌でしょうけれど。

土地はもう押さえました。今、図面を引いています。

落成は来年の秋頃。ちょうどファイナル・ツアーの千秋楽あたりかな?

これですべて整う、という感じですね。

だから僕、近頃お金ないんですよ。けっこう使っちゃった。

暮らすのに困るほどではないけれど、自由になるお金は減りました。ここ最近は、10口出して1頭を共有する「クラブ馬主」で遊んでます。

まさかとは思うけど、老後のお金、大丈夫かなあ……。

まあ、税金で持ってかれるよりはいいか。

貸しスタジオが出来上がるまで生き延びてるかも、わからないし(笑)。

いつか、僕が遺したスタジオで孫が歌ってくれたりしたら、嬉しいです。

人は死んだらどうなるか？

どうにもならないです。

人は死んでも、どうにもならない。

死んだら、何もなくなるだけですよ。

なのに一方では、なんとなく気配というか……今も何かが部屋のなかにウヨウヨいるという感覚も持っています。

わけのわからないものが、どこにでもいる。

で、見てるんですよ。ちゃんと、僕らを。

我ながら、矛盾していると思います。


僕は信仰や宗教は大っ嫌い。

神様の存在も信じません。

だけど、第一章でお話ししたように、母が霊媒体質だった。

商売にして金儲けでやっていたわけではなかったですからね。

そのせいか、僕らを見ている〝わけのわからないもの〟の存在は、なんとなく信じちゃっています。

高校生の頃だったでしょうか。

母がいつものように拝んで何かのお告げを待っていた最中、両手がバーッと上がった。

神様が降りてきた（ということになっていた）サインです。

生意気盛りだった僕は、すかさず尋ねたんです。母に、というか、神様に。

「あんた、神様だね？」って。

そうだ、と応じた神様に、重ねて問いました。

「じゃあちょっと聞きたいんだけど。君、キリスト教と仏教の違いがわかるか？」

そうしたら、どう答えたと思います？

『そんなこと、俺にもわからない』ですよ！

もしかしたらおふくろが勝手にしゃべってるんじゃないの？　とも思ったけれど、まあ、何でも知ったようなこと言わないのは……神様、ちょっと信頼できるかもね（笑）。

信仰を持たない僕ですが、念とか祈りとか呼ばれるものには、何か力がありそうな気がしています。

たとえば、「あの子が俺を好きになれ」「今夜、電話をかけてこい」と強く念じると、その通りになったり。

神様を信じていないはずの僕が、意外と祈ったりしますよ。

でも、歌を創った時に「これは絶対ヒットしろ!!」って祈ったり、念を込めたりすることはないですね。

そんなことより、僕にはこの国に対する最終的な願望があって。

20世紀は戦争の時代でしたよね。

21世紀になったら平和な世界が訪れるという淡い期待を人類は持ったけれども、なんのことはない。今度は宗教戦争の時代になった。

そういう世界のなかで、日本はどんな位置づけで、どういう役割を担《にな》えるかということを考えると——。

幸い日本は無宗教ですよね。キリストも神も仏もないまぜ、クリスマスの数日後に初詣《はつもうで》に行くような（笑）。まことにいい加減だけれど、僕はそれを、ある意味よしとしていて。

日本は、信仰に依存しない国。だからこそ、信仰ではなく「理」で世の中を動かせる。

「理」とは〝ことわり〟、すなわち理性や理知、道理です。

日本は、理がきちんと大通りを行く社会になれるはずなんです。

理を重んじると同時に、産業経済にはこれまでと変わらず力を入れて、豊かな社会をつくっていく。「信仰なんかしなくても、人間は幸せに生きられますよ」

というのを実証する社会ですね。

それが実現できて初めて、宗教対立を繰り返す世界に物が言えるのではないでしょうか。

そのためには、やはり言葉の復権がどうしても必要です。

すべての思考は言葉がベースです。言葉を身に付け、自分に落とし込み、物事をしっかり考える。理不尽なことは許さない。

日本人が、他国からうらやましがられる存在になってほしい。

それが、老いた僕の念であり、祈りです。

理想の最期は

願わくは
花の下にて春死なん
その如月《きさらぎ》の望月《もちづき》のころ

西行法師《さいぎょうほうし》の有名な辞世《じせい》の句です。ご存じの方も多いでしょう。

「如月の望月のころ」とは、陰暦《いんれき》2月15日。如月、つまり2月の満月のことを指し、現代の新暦では3月下旬に当たることが多いようです。

この2月15日は、お釈迦さまの入滅《にゅうめつ》した日でもあります。美しく咲き誇る桜の下で、お釈迦さまが亡くなられたのと同じ日に、自分もあの世に旅立ちたい——その思いが通じたかのように、西行法師は翌2月16日に亡くなったそうです。

まるで、期日指定でもしていたみたい……うらやましいですね。

僕には、ああいう死に方はできないだろうなあ。

今回のラストアルバムにも入れた『老いの願い』は、映画『山中静夫《やまなかしずお》氏の尊厳死』の主題歌でもあります。

「とにかく楽に死にたい」と繰り返す主人公の山中氏とまったく同じ思いですよ。

僕も、痛まず苦しまず、とにかく静かに逝きたい。

延命治療も、したいと思いません。

よく「眠るように死ぬ」という言葉を聞きますけれど、できればそんなふうに。

それこそ、電源が落ちるようにスーッと逝ければいいんですが、残念ながら、なかなかそううまくはいかない。

映画のなかで、主治医が山中氏に、

「人間は、生きてきたようにしか、死ねないものですよ」

と語りかけるシーンがあるんですよね。

僕は、どんなふうに死んでいくんだろうか。

もう生前葬をやりましたし、葬式も、まして戒名《かいみょう》も絶対にいらないって家内には言ってるんですけど、彼女、きっとやるんだろうなあ、僕の葬式。わりと常識人だから。

それよりも最期《さいご》、佳穂里には手を握っていてほしいです。

僕の理想の最期は、シラノ・ド・ベルジュラック。醜い大きな鼻に悩んで最愛の女性ロクサーヌに想いを告げられなかった男が、息を引き取る間際、愛しい人に手を握られながら死んでいく……っていう、あれ。

それこそ、眠るように、大満足でね。あれがいいな（笑）。

ＢＧＭはいらない。歌は、もういい。


死ぬのはいつでもいいですよ。

シラノ・ド・ベルジュラックにとってのロクサーヌ、あるいはドン・キホーテにとってのダルシネアが傍にいてくれたら、大丈夫。

それで十分です。

妻は特別な女性

家内のために創った歌は、あまりありません。

『シクラメンのかほり』も、第三章でお話ししたように、彼女とはまったく関係ない。

でも、どの歌もなんとなく、佳穂里のニュアンスというか、面影は入っています。

正面切って彼女を歌ったのは『蕃茉莉《ばんまつり》』という曲。生前葬コンサートの前に出したアルバム『闌《たけなわ》』に入れた歌です。

「蕃」は異国の意。「茉莉」はジャスミン。

異国のジャスミンという意味の名を持つ、南米原産の花です。

自宅にある蕃茉莉は2メートルぐらいあるでしょうか。初夏から真夏にかけて開花するんですが、咲き出すと見事ですよ。２００個以上の紫のつぼみが一斉に花開く。そして2、3日もすると、真っ白に変わるんです。甘い香りが、またいい。毎年、花開くのを、ふたりで楽しみにしてるんです。

　この蕃茉莉、実に不思議な花で。

最初、家内が買ってきて庭に植えた時には、1年目も2年目も咲かなかったんです。

なんだこれ、花が咲かないじゃないかってガッカリしてたら、3年目にパーッと咲いて、ビックリしました。

　ジャスミンは媚薬《びやく》として使われることもあるそうですね。

濃厚な甘い香りを漂わせ、紫から混じりっけなしの白になる、ミステリアスで艶《つや》やかな花。

　初夏の黄昏《たそがれ》のなかでかぐわしく咲き誇る蕃茉莉に、長年連れ添った佳穂里の姿を重ねて曲を創りました。

家内の感想は……特になし（笑）。

もともと、愛情表現があまり得意なタイプじゃないんでしょうね。

この間も、僕の大っ嫌いなテレビ通販の番組を見ていたら、たまたまサファイヤの指輪を売っていて。

サファイヤは9月に生まれた家内の誕生石。だから僕、押しつけがましくてわざとらしいその番組が本当に嫌いなんだけど、彼女に買ってプレゼントしましたよ。

でも、あんまり喜ばないんですよね。

10連のラピスラズリの首飾りも買ってあげたけど、そちらも薄めな反応。歌はできましたけどね（笑）。

家内は小学校で机を並べていた頃から、ずっと僕を見て生きている人です。

青春時代、最もネガティブに考え込んでいた僕さえ知っている。ダメな時も、絶好調だった時も、傍にいてくれた。歴史の重みがあるんですよね。

なのに、わからない。

佳穂里は僕にとって、一生わからない女です。

僕のことを本当に好きなのか、今でもわからなくなる時があります。

それが不満であり、大きな魅力でもある。

わからないから、気になる。知りたくなる。

いつまでも不思議で艶やかな、蕃茉莉のように。

実はこの間、久しぶりにちょっとしたケンカをしました。

週末、彼女の待つ家に帰宅した折、ふと気弱になって、「ファイナル・ツアーが終わったら、ずっとこっちにいてもいいかい？」と聞いたら、佳穂里の反応がイマイチで（笑）。

「もういいよ、離婚だ！」って激怒したんです。なんか無性に悲しくて、腹が立って。

翌日の朝。

書斎の机にそっと置かれた佳穂里からの手紙には、一言、こうしたためてありました。

《残された短い時間を、同じ屋根の下で一緒に過ごしましょう》

彼女と結婚できて、よかったです。

お互いあまり口には出さずとも、感謝していると思いますよ。

彼女は特別な女性です。

誰よりも大事な人です。

少なくとも僕は、佳穂里にとても感謝しています。

言葉で確認し合わなくても、お互いがわかっていれば、それでいいんじゃないでしょうか。

――と思いつつ、今やもう完全に僕は、家内にかしずいて生かされているのかな。

生まれ変わったらクレオパトラに

僕、生理的には女の人のほうが絶対にトクだと思います。

その……、セクシュアルな悦《よろこ》び方が、全然男と違うじゃないですか。

クライマックスは、とんでもない世界にバーッっていっちゃうような。

男って別に、そんなふうにはなりませんもん。絶頂に我を忘れて、なんてね。

これだけは、どうしようもないですね。

だからまあ、その反動として、女性には出産の痛みとかあるのかもしれないけれど、それでもやっぱりいいな、女の人は。うらやましいな（笑）。

生まれ変わるなら、クレオパトラだね。

それはそうですよ、断然クレオパトラです。

世の男性が絶対放っておけない女性。

出会うと、相手がコロリとこちらに参っちゃうような、そんな女性ね。

今のうちに、強く念じておこう（笑）。


残念ながら願い叶わず、男に生まれ変わるのなら。

本当に頭のいい男になって、学者になりたいです。

理想はお釈迦さまですが、あそこまで頭がよく生まれるのは、ちょっと無理でしょうから。

それでも、高校の頃は「現代の釈迦になりたい」などと本気で考えていたんですけどね。

そうでなければ、生きる意味がないって。


77年生きてきて、思うんです。

生きる意味なんて、なかったと。

生きることそのものが無意味だ、ということではありません。

「生まれつき与えられる意味」なんてものは、どこにもなかった。

生きる意味は、自分で創るしかないのです。
自分探しより、自分創りなのです。

僕の場合、みずから創り上げた「生きる意味」は、歌を創ることでした。
歌を創り尽くしました。
いい人生を、味わい尽くしました。

あとどれほど生きられるのかなあ……、とよく思います。
楽しいことも、悲しいことも、嬉しいことも、切ないことも、まだまだあるでしょう。
思わぬ下り坂も、上り坂もあるかもしれません。
でも、それも引っくるめてすべて、生きているということ。
僕は、生きます。
「もういいよ」の声を聞くまで。

さあ、皆さん。
今日は残された人生の、とにかく初日です。
生きていきましょうよ。
この国で、これからも。

妻から夫へ
～ずっと一緒にいてくれて、ありがとう。

小学校の６年間、ずっと同じクラスだった〝神田君〟。

やや小柄で、特に目立つ存在でもなく、遊び仲間のグループも男の子と女の子で別々でしたから、あまり意識したことはありませんでした。

ところが、４年生になったある日の放課後。

「カホリちゃんが、好きだーっ」

偶然、昇降口近くを通りかかった私の目に飛び込んできたのは、同級生のＩ君と下《げ》駄《た》箱《ばこ》をバンバン叩き壊しながら叫ぶ、神田君の姿。

小学校４年生当時のクラス写真。
後列左端・チェックのスカートが
佳穂里、前列右が“神田君”、
のちの小椋佳（1953年頃）

な、何やってるんだろう……？

当人が見ているとも知らず、私の名前を叫び続ける彼の姿に、呆然と固まったことを覚えています。

神田君——貴方《あなた》の印象が急に変わったのは、久しぶりに再会した大学生の時です。

東大に進学した貴方はグーンと背も伸び、「すべての物事は疑うことから始める」のが信条。口数も減って、話しかけるのにためらわれるような雰囲気を漂わせていましたね。

小学校のクラス会でも、女の子たちからちょっとはチヤホヤされるようになって。「その気はない」と言う貴方に、私はわざと「恐れ多くて、近寄れませ〜ん」と皮肉めいた態度をとったものです。

ずいぶんつれなく見えたかもしれません。でも、本心は逆でした。うまく伝えることはできなかったけれど、私にはない、理知的なところに強く憧れていました。

貴方が早稲沢の学生村にこもった大学3年生の頃、私としては、もうお付き合いしているつもりでいたんです。もっと言うと、「フラれた」とショックを受けたという隅田川のデートも、実はよく覚えていません。

大好きな人が、夏の早稲沢に誘ってくれた。だから、スーツケースひとつで飛んでいきました。結婚前に〝そういうこと〟は絶対にしない人だと信じていましたから。

清い関係のままの1週間だったけれど、想いはさらに深まりました。あの時、私の名前の一文字「佳」を、みずからの分身としての名に取ったと聞いて、凄く嬉しかったです。

当時の私は、青山学院大学を中退し、文学座の新人女優として稽古や公演に明け暮れておりました。自慢っぽく聞こえてしまったら恥ずかしいのですが、たまたま大学の演劇部の先輩に誘われて研究生の入団試験を受けたら、合格してしまって。

もともと赤面症を克服するために演劇を始めたようなものでしたから、演技に自信もなかったし、むしろ楽屋当番のほうが落ち着くタイプ。早稲沢から帰ってきてからは、リハーサルをしている最中も、早く終わって貴方に会いたい一心だった。

そもそも女優に向いていなかったし、サルトルのパートナーであるボーヴォワールにもなれませんでした。

恋する普通の女の子だったんです。

最も尊敬しているのは、頭の切り替えが完璧《かんぺき》なところです。

帰宅後も仕事の重要案件に取り組むことがあっても、ひとたび終えるとパッと歌創りに没頭できる。私の父の短歌にメロディーをつけて、『身辺抄《しんぺんしょう》』という歌を創ってくれましたよね。こんな親孝行、なかなかできるものではありません。

銀行を辞めて間もなく、ふたりで出かけた10日間のギリシャの旅でも、貴方には驚かされるばかりでした。私はただただ楽しんでいただけなのに、貴方はアルバム『テオリア』に収録する歌を、次々と完成させていたのですから。

本当にびっくりすると同時に、なんて素敵な人だろうと思ったものです。

でも、そうやってたくさんの歌を生み出せたのは、繊細で鋭敏な感性を持ち合わせたことの証《あかし》。生きていてつらかったでしょうし、疲れたことでしょう。


幼なじみとなってから、およそ70年。

結婚式を挙げてから、53年。

もしかしたら、時間の永《なが》さより、心の触れ合いの葛藤《かつとう》のほうが印象深いかもしれません。


振り返れば、「夫は仕事・妻は家庭」が常識となっていた銀行員時代から、子供だけに注意を向け、貴方の仕事の大変さにまったく気付けなかった私を嫌悪して、私から離れたい、自由になりたいという思いが強かったのでしょう。

貴方は家出をしました。遠い昔です。

それでも、不思議ですね。

離れて暮らすようになっても、ゴルフや観劇や海外旅行へ、一緒に行ったのですから。

貴方の「小椋佳」としての活動、息子の病気、貴方の病気、息子たちの結婚、孫の誕生など——良いこと、悪いこと、数え切れないほどありましたが、結局、貴方が遠くから近くから守って下さった。

いろいろあったけれど、お互いに心地よい距離を保った今の関係に落ち着き、おかげさまで毎日を平穏に送らせてもらっています。

現実的で貴方の繊細さもよく理解できず、何の取《と》り柄《え》もないのに、よく我慢してくれましたね。

きっと、貴方のほうがずっと大変な人生だったはずなのに、申し訳ない気持ちです。

貴方の存在に感謝しています。

夜中にフッと目覚める時があります。
怖くなります。
貴方がいなくなってしまった時の寂寥感《せきりょうかん》が、胸いっぱいに広がります。
残された日々、できる限り貴方に優しくしたい。優しくできればなあと思います。

もし、私のほうが先に逝くことになったら。
「ありがとう」と言いたい。
「ずっと一緒にいてくれて、ありがとう」と。
どうぞ、私の手を握って下さい。

２０２１年11月
神田佳穂里

おわりに

僕は今、ここにいる。
本当だろうか。
本当に、今、僕はここに存在しているのだろうか。
哲学の基本的な問いのひとつですね。

人間は、「人」の「間」と書きますよね。
人間とは、人の間で存在するもの。
誰かの目に、自分の姿が映る。

相手の目と、その相手の目に映っている自分。
両者の間があって、そこで初めて人間は「存在」として浮かび上がってくる。
そんな哲学があります。

もしも僕が、南の無人島でたったひとり、暮らしていたら。
ああ俺、本当にこの世に存在してるんだろうかって思うでしょうね。
果たして「存在」と呼べるのか。
お前、本当に生きているのか、と。

きっと、誰かと暮らし合うなかで、人間は初めて存在できるのでしょう。
この国に生を受けて77年。
いろんな人がいました。
いろんな人と出会いました。
笑い、泣き、怒り、反省して――、また笑って。

たくさんの人たちの目に映った僕は、確かに存在していました。

今も、僕の姿は最愛の佳穂里の目に映っています。

結局、僕の一生なんていうのは、あの人の目のなかに全部あるんでしょう。

こんな幸せな人間はいないと思わなきゃいけないのに、そこは僕、ダメなところだな。ちょっと弱いね（笑）。


僕を、僕自身でいさせてくれた、すべての優しい人たちに、心から感謝を捧げます。

長い間、本当にありがとうございました。

歌手としての小椋佳は幕を下ろしますが、歌創りはこれからもずっと続けていきます。

歌創りは、僕の生きる意味そのものですから。


いつか、小さなライブハウスで、おぼつかないピアノの弾き語りを披露している枯れた老人を見かけたら、心のなかでそっと呟いていただけると嬉しいです。
「まあだだよ」って。

2021年11月

小椋佳

本書は語り下ろしです。

ブックデザイン&カバーイラストレーション
浅妻健司
写真（帯・表紙）
渡邉まり子
取材協力
中阪晃子
構成・編集
湯口真希（双葉社）

小椋佳（おぐら・けい）

1944年1月、東京・上野生まれ。作詩作曲家・歌手。67年に東京大学法学部卒業後、日本勧業銀行（のちの第一勧業銀行・現みずほ銀行）に入行し、浜松支店長、本店財務サービス部長等を歴任する。音楽活動にも打ち込み、71年に初アルバム『青春―砂漠の少年―』を発表。3作目のアルバム『彷徨』は100万枚のセールスを突破した。

『しおさいの詩』『さらば青春』などのヒット曲で知られ、『シクラメンのかほり』（布施明）、『俺たちの旅』（中村雅俊）、『愛しき日々』（堀内孝雄）、『夢芝居』（梅沢富美男）、『愛燦燦』（美空ひばり）など、多数のアーティストへ作品提供している。2021年、ラストアルバム『もういいかい』をリリース。

公式webサイト「小椋佳倶楽部」

https://ogla-kei.club

もういいかい　まあだだよ

2021年12月25日　第一刷発行
2022年7月8日　第五刷発行

著者　小《お》椋《ぐら》佳《けい》
発行者　島野浩二
発行所　株式会社双葉社
〒162-8540　東京都新宿区東五軒町3-28
［電話］03-5261-4818（営業）
03-6388-9819（編集）
www.futabasha.co.jp
（双葉社の書籍・コミック・ムックが買えます）
印刷所　中央精版印刷株式会社
製本所　中央精版印刷株式会社

ISBN 978-4-575-31683-4　C0095